EL DEPORTE A TRAVES DEL TIEMPO

JUGADORES, JUEGOS Y ESPECTÁCULOS

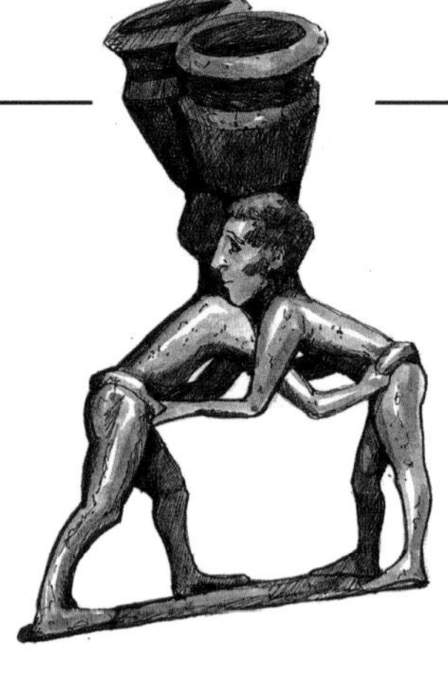

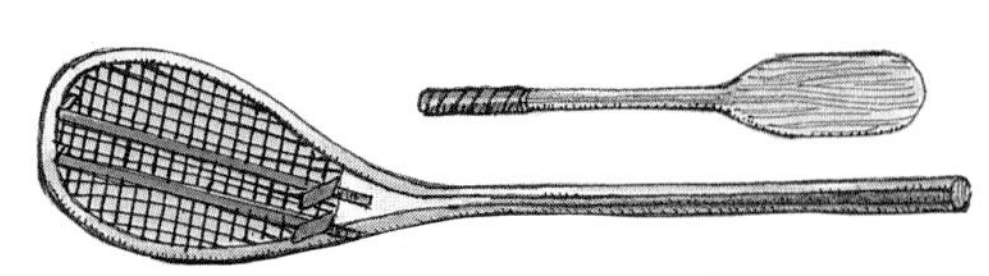

Título original:
Sport, Players, Games and Spectacle

Publicado por Watts Books, 1993
96 Leonard Street, London EC2A 4RH

Traducción:
Juan Manuel Ibeas

Revisión y adaptación:
Anaya Educación/Infantil-Juvenil

Creación y diseño de la colección:
David Salariya

Ilustración:
Mark Bergin: págs. 6-9
Ryz Hajdul: págs. 42, 43
Nick Hewetson: págs. 10, 11, 18-23, 32, 33
John James: págs. 14, 15
Mark Peppé: págs. 24-31, 38-41
Gerald Wood: págs. 12, 13, 16, 17, 34-37

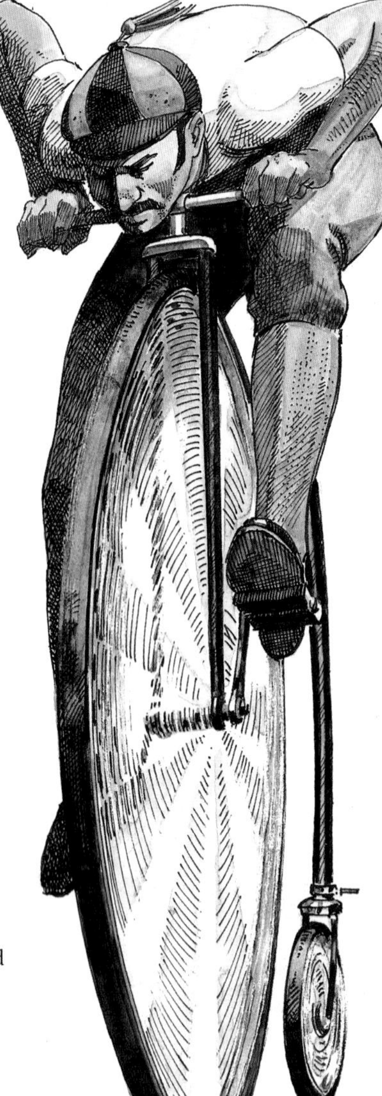

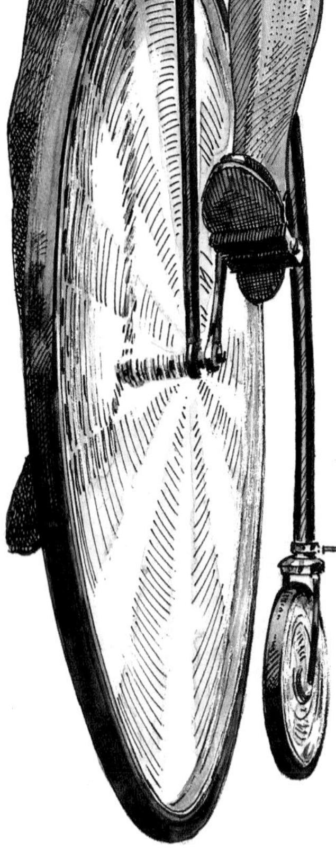

Primera edición, noviembre 1994

Juan Ignacio Luca de Tena, 15. 28027 Madrid

ISBN: 84-207-6261-X
Depósito Legal: M-36.067-1994
Fotocomposición: Puntographic, S. L.
Sol Naciente, 31. 28027 Madrid
Impresión: ORYMU, S. A.
Ruiz de Alda, 1. Polígono de la Estación
Pinto (Madrid)
Impreso en España/Printed in Spain

EL DEPORTE A TRAVES DEL TIEMPO

JUGADORES, JUEGOS Y ESPECTÁCULOS

NORMAN BARRETT

ANAYA

Contenido

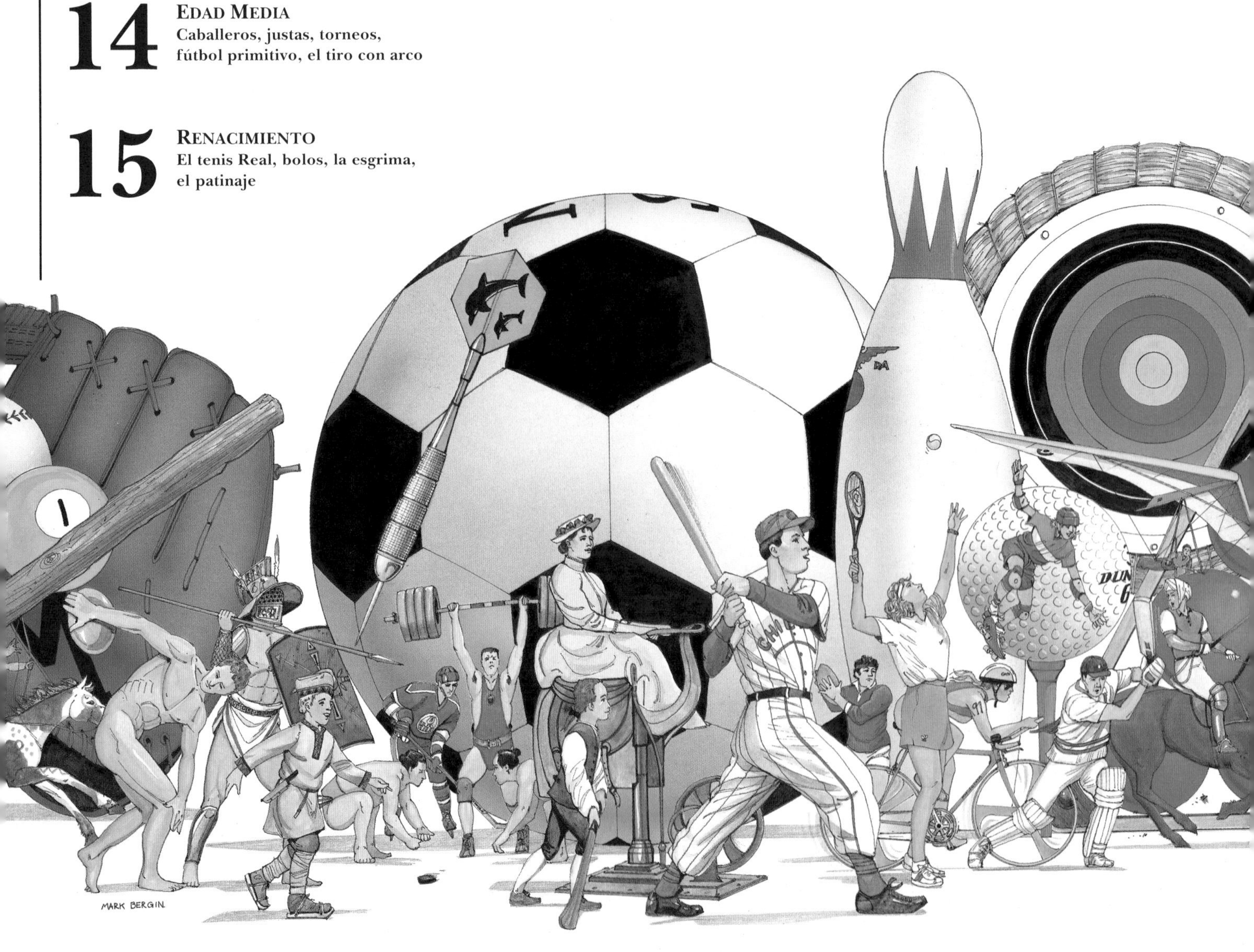

ORÍGENES DEL DEPORTE

△ UN ESQUIADOR PRIMITIVO, grabado rupestre de hace 4.000 años, hallado en Noruega. Más que un deporte, el esquí era un medio de transporte sobre la nieve.

LOS PUEBLOS PRIMITIVOS tenían poco tiempo para el deporte, ya que su principal actividad era buscar comida suficiente para sobrevivir. Pero esta misma búsqueda de alimento dio lugar a la aparición de las primeras actividades deportivas: correr, saltar, nadar, arrojar lanzas y flechas eran acciones que formaban parte de la caza, y además resultaban muy útiles para mantenerse a salvo de los animales peligrosos y para huir de los enemigos.

En el Antiguo Egipto y otras culturas, el deporte llegó a formar una parte importante de los ritos religiosos practicados para favorecer las cosechas y el regreso de la primavera. A veces se utilizaba una pelota para representar el Sol y sus poderes.

△ VASO NORTEAFRICANO de hace 5.000 años, que representa a dos luchadores agarrándose del taparrabos.

▷ MUJERES BAILANDO y jugando a la pelota. Escena de una tumba del antiguo Egipto.

◁ LOS FARAONES EGIPCIOS corrían para demostrar su superioridad física y resaltar su condición «divina».

▷ LA CAZA era el deporte favorito de los nobles egipcios. Para abatir aves, utilizaban palos curvos.

▽ LUCHADORES enfrentándose cuerpo a cuerpo y con palos para entretener al faraón y a la nobleza, en un relieve del Antiguo Egipto (hacia el 1160 a. C.).

▽ LA CAZA DEL LEÓN con arco y flechas desde un carro de caballos era un deporte de reyes (*c.* 500 a. C.).

△ El salto del toro era uno de los deportes favoritos de los minoicos, que habitaron Creta desde *c.* 3000 a *c.* 1200 a. C.

◁ En los saltos participaban tanto hombres como mujeres. Los saltadores se agarraban a los cuernos del toro cuando éste embestía, tomaban impulso y daban una voltereta sobre su lomo. Un compañero los ayudaba a caer bien.

▽ Los minoicos también eran aficionados al pugilato. Aquí lo practican un niño y una niña.

Sin duda, el deporte proporcionaba en la antigüedad las mismas satisfacciones que en nuestros tiempos; no sólo divertía a la gente en sus ratos de ocio, sino que ayudaba a liberar tensiones y controlar la agresividad natural. Resultaba menos destructivo competir en el deporte que en la guerra (muchas veces se ha afirmado que «el deporte es como una guerra sin muertos»). Entre las primeras civilizaciones, como la minoica, que se desarrolló en el Mediterráneo, en la isla de Creta, entre el 3000 y el 1200 a. C., se practicaba el salto del toro, que apasionaba a los espectadores y exigía una habilidad y un valor extraordinarios.

También en el norte de Europa surgieron competiciones deportivas, en las que los participantes medían sus fuerzas. Otros deportes se derivaron del entrenamiento militar, como el combate sin armas y las pruebas hípicas.

▽ En Irlanda, hacia el 2000 a. C., se practicaban juegos, como el lanzamiento de martillo y de piedras, en los que los participantes competían en fuerza.

△ ▷ En sus orígenes, el polo fue un rito religioso para favorecer las cosechas; la pelota representaba el Sol y era un símbolo de fertilidad. El polo tuvo su origen en Persia. A veces, se utilizaban las cabezas de enemigos como pelotas.

Del 1400 a. C. al 393 d. C.

La Grecia Antigua

△ En los primeros Juegos Olímpicos del 776 a. C., la única prueba fue una carrera de 200 metros.

Muchas de las competiciones deportivas de la antigüedad tuvieron su origen en fiestas religiosas. Los griegos comenzaron a organizar celebraciones religiosas en honor de sus dioses hacia el 1400 a. C., y algunas incluían en su programa pruebas deportivas. Se dice que Hércules fundó los Juegos Olímpicos en el 776 a. C. para rendir homenaje a Zeus, rey de los dioses.

Los antiguos Juegos Olímpicos eran sólo para hombres. Las mujeres tenían sus propios juegos, en honor de Hera, reina de los dioses. En su período de apogeo, los Juegos duraban cinco días e incluían lanzamiento de jabalina y carreras de carros.

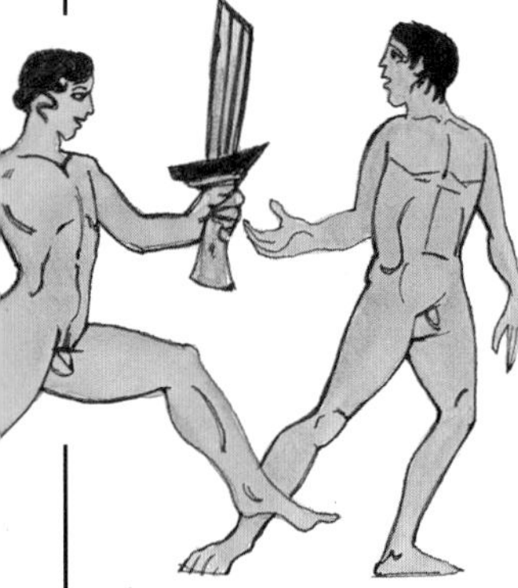

△ El relevo de la antorcha era un ritual religioso que representaba la transmisión del fuego sagrado.

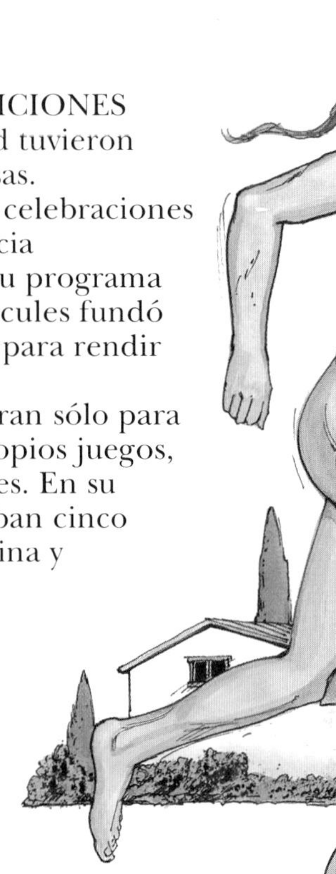

△ En la LXV Olimpiada (año 520 a. C.) se introdujeron las carreras con armadura. En las carreras de 400 u 800 metros, los corredores llevaban casco y escudo.

△ El *keretizen*, una especie de hockey que se jugaba por parejas, era uno de los muchos juegos de pelota de los antiguos griegos.

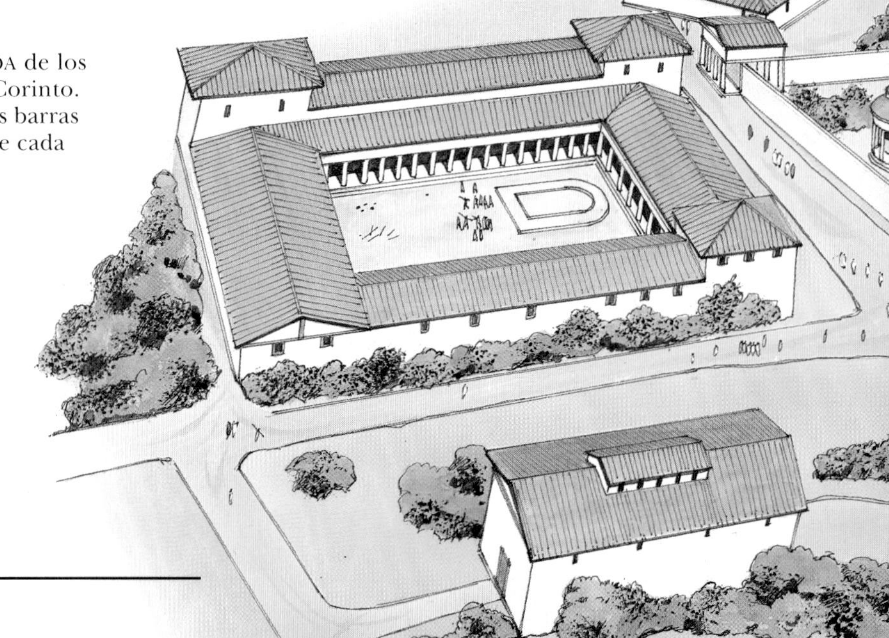

▽ Olimpia, sede de los antiguos Juegos Olímpicos, era fundamentalmente un santuario religioso, con templos y lugares de culto, además de zonas deportivas.

▽ Parrilla de salida de los Juegos Ístmicos de Corinto. El juez hacía caer las barras instaladas delante de cada corredor.

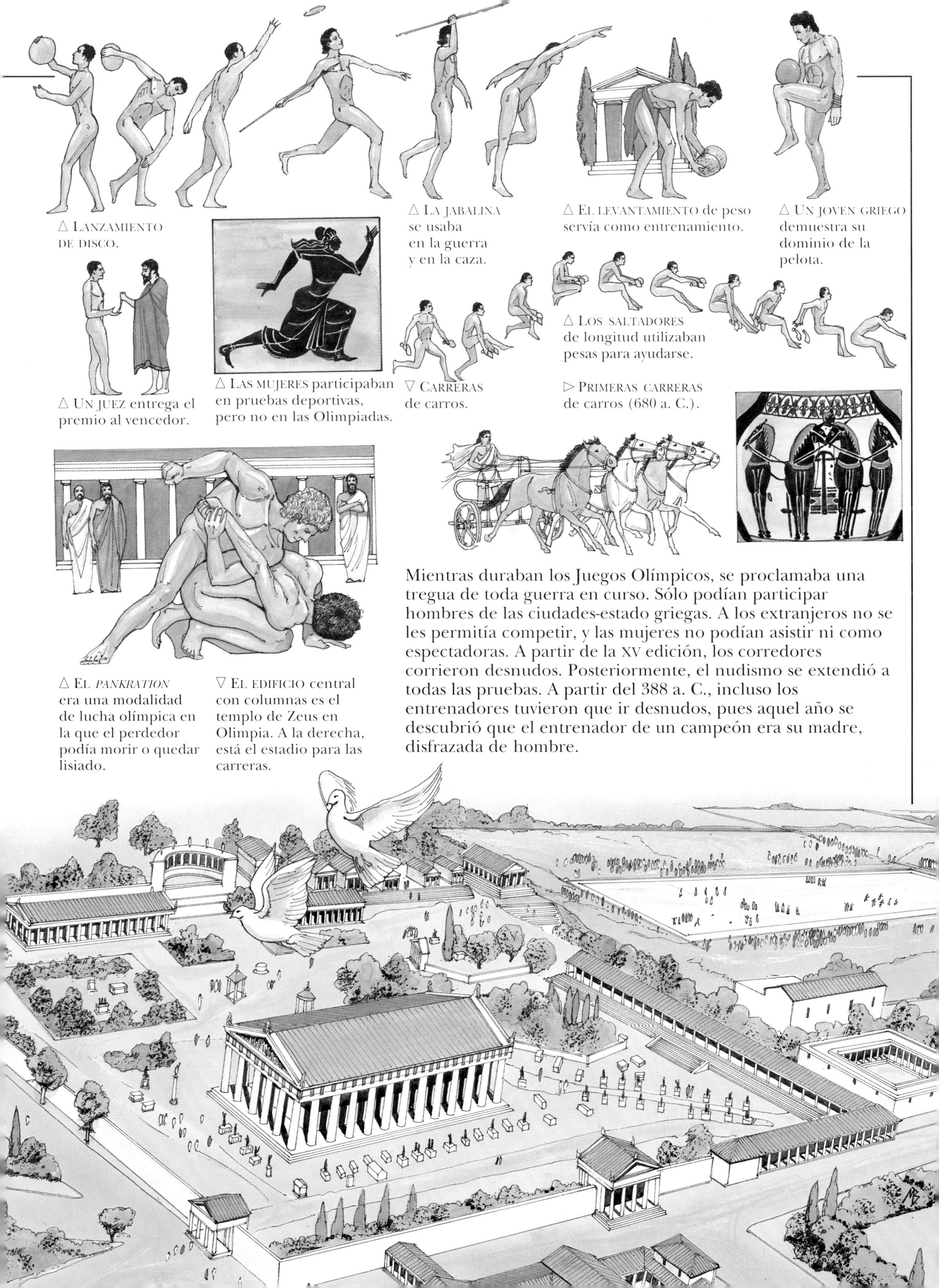

△ LANZAMIENTO DE DISCO.

△ LA JABALINA se usaba en la guerra y en la caza.

△ EL LEVANTAMIENTO de peso servía como entrenamiento.

△ UN JOVEN GRIEGO demuestra su dominio de la pelota.

△ UN JUEZ entrega el premio al vencedor.

△ LAS MUJERES participaban en pruebas deportivas, pero no en las Olimpiadas.

▽ CARRERAS de carros.

△ LOS SALTADORES de longitud utilizaban pesas para ayudarse.

▷ PRIMERAS CARRERAS de carros (680 a. C.).

△ EL *PANKRATION* era una modalidad de lucha olímpica en la que el perdedor podía morir o quedar lisiado.

▽ EL EDIFICIO central con columnas es el templo de Zeus en Olimpia. A la derecha, está el estadio para las carreras.

Mientras duraban los Juegos Olímpicos, se proclamaba una tregua de toda guerra en curso. Sólo podían participar hombres de las ciudades-estado griegas. A los extranjeros no se les permitía competir, y las mujeres no podían asistir ni como espectadoras. A partir de la XV edición, los corredores corrieron desnudos. Posteriormente, el nudismo se extendió a todas las pruebas. A partir del 388 a. C., incluso los entrenadores tuvieron que ir desnudos, pues aquel año se descubrió que el entrenador de un campeón era su madre, disfrazada de hombre.

LA ROMA ANTIGUA

EL IMPERIO ROMANO alcanzó su máximo esplendor en el siglo I d. C., cuando sus fronteras abarcaban gran parte de Europa y Oriente Medio. Los ciudadanos disponían de mucho tiempo de ocio, ya que los esclavos hacían casi todo el trabajo; el año tenía 159 días festivos.

Para mantener contento al pueblo y evitar los disturbios políticos, los emperadores romanos ofrecían «pan y circo». El pan consistía en una ración gratis de trigo cada día; los circos eran espectáculos gratuitos que se celebraban en grandes recintos abiertos, llamados anfiteatros. El más famoso de todos era el Coliseo de Roma. A los espectáculos de los anfiteatros, que solían ser violentos y sangrientos, acudía casi todo el mundo, incluidos los esclavos, las mujeres y los niños.

▷ GLADIADOR con espada y escudo, que luchaba para divertir al público.

▽ SI EL EMPERADOR extendía la mano con el pulgar hacia abajo, significaba la muerte para el vencido.

△ Los romanos aprendieron de los griegos las virtudes del ejercicio. Corrían, saltaban, luchaban y jugaban a la pelota en gimnasios contiguos a los baños públicos.

▽ Las carreras de carros eran emocionantes. La pista era ovalada y los carros, de dos ruedas, llevaban tiros de dos a ocho caballos.

▷ El Circo Máximo de Roma tenía la mayor pista de carreras de carros, capacidad para 200.000 personas, tiendas, establos y servicios.

◁ Grandes columnas señalaban el lugar de giro, y en ellas se situaban los «marcadores de etapa» que informaban al público de la evolución de la carrera.

Los hombres que combatían en los anfiteatros se llamaban gladiadores (también hubo mujeres gladiadoras, hasta su prohibición en el 200 d. C.). Los gladiadores eran esclavos, condenados y prisioneros de guerra. El luchador vencido levantaba el brazo para pedir clemencia, mientras el vencedor consultaba al público o al emperador.

Además de estos espectáculos sangrientos, a los romanos también les gustaba el deporte. Los niños jugaban con aros, peonzas y pelotas. Los adultos hacían ejercicio en los gimnasios y acudían a lujosos baños públicos.

◁ Los cristianos fueron perseguidos en la Roma Antigua y se les arrojaba a los leones para entretener a la gente. Más tarde, el cristianismo llegaría a ser la religión oficial del Imperio.

▷ Los bestiarios estaban entrenados para luchar con animales salvajes. También se encargaban de llevar a los condenados hasta las fieras.

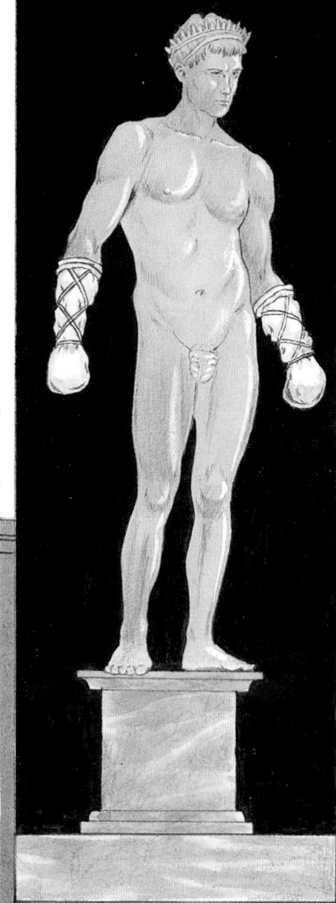

▷ Estatua de un pugilista profesional, según un mosaico romano del siglo I d. C. Lleva un *caestus*, hecho de correas de cuero, para protegerse las manos y los antebrazos.

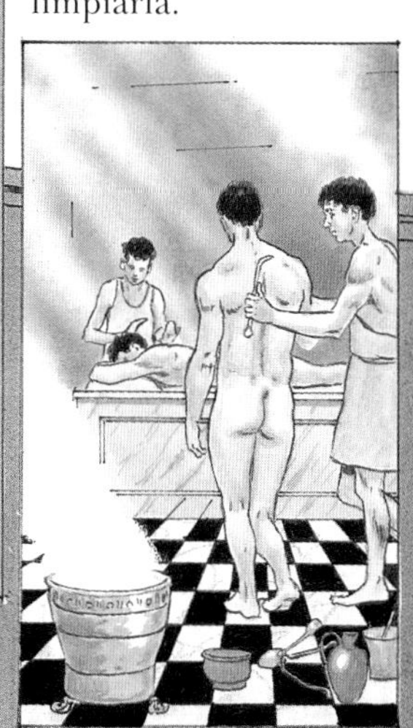

▽ En el *tepidarium*, o sala templada, de los baños públicos, los romanos se hacían frotar la piel para limpiarla.

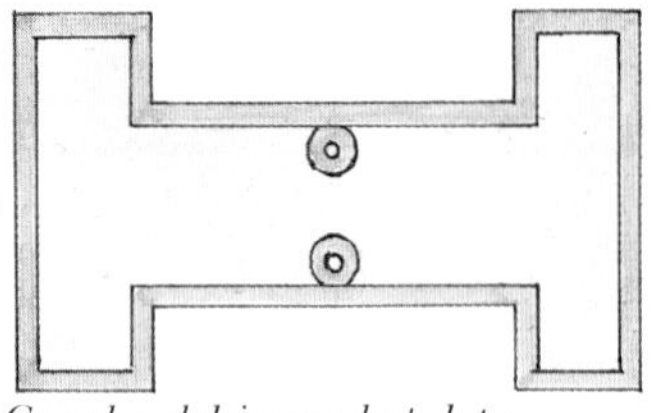

AMÉRICA Y ORIENTE

Cancha del juego de pelota

△ LOS JUGADORES de pelota aztecas llevaban protectores en codos y caderas.

LOS AZTECAS Y LOS MAYAS de América Central practicaban un juego de pelota llamado *tlachtli*, que tenía un carácter religioso y deportivo. Se jugaba en un recinto con forma de «I» o de doble «T», que representaba el mundo; la pelota simbolizaba el Sol o la Luna. El equipo que conseguía llegar con la pelota hasta el fondo del campo contrario, utilizando sólo los codos, las caderas y las rodillas, se anotaba un tanto. Pero cualquiera de los dos equipos se hacía con la victoria del partido si lograba pasar la pelota por unos aros de piedra situados a ambos lados de la cancha a una altura considerable.

◁ EL CAPITÁN del equipo perdedor era decapitado por los vencedores.

◁ SI UN JUGADOR pasaba la pelota a través del aro, podía exigir los vestidos y joyas apostados por los espectadores.

Los indios norteamericanos practicaban diversos juegos y deportes. Los hombres jugaban al *baggataway*, un juego que también empezó siendo un ritual religioso. Los equipos, formados hasta por 500 guerreros, utilizaban palos y una pelota. A veces, dos poblados enteros se enfrentaban en sangrientos partidos que podían durar días. Con el tiempo, el *baggataway* se fue transformando en el *lacrosse*.

◁ UN JUGADOR DE *BAGGATAWAY* ataviado para el juego. Los palos tenían aros para atrapar y sujetar la pelota.

▷ LOS INDIOS NORTEAMERICANOS practicaban muchos juegos de invierno con pelotas, bastones, piedras y aros.

△ El sumo es un tipo de lucha que se practicaba sólo en Japón. Se cree que apareció hace unos 2.000 años y que, en un principio, era una lucha a muerte.

◁ El kyudo, una antigua forma de tiro con arco japonesa, empezó siendo una técnica guerrera.

▷ El kendo, también en sus comienzos un arte de guerra, servía como entrenamiento a los guerreros japoneses.

En Japón, China y Tíbet, las artes marciales se practicaban como técnicas de defensa personal y de combate. Debido a la importancia que se daba a la forma física y a la disciplina mental, se empezaron a utilizar también para infundir autodisciplina. Los monjes y sacerdotes practicaban artes marciales en sus monasterios y templos.

◁ Volar cometas es un antiguo juego chino, que se practicaba hace 3.000 años.

▷ El uniforme tradicional del kendo incluye un peto acorazado, máscara protectora para la cara, guantes acolchados y faldón abierto.

◁ A los emperadores mogoles de la India (1526-1857) les gustaba contemplar combates entre hombres y fieras.

▷ La semiesfera con plumas que se usa en el badminton tuvo su origen en Asia.

△ LAS JUSTAS eran combates individuales entre caballeros, que así se adiestraban para la guerra. Desde el siglo XII, se organizaron, también como entretenimiento caballeresco, batallas simuladas entre dos bandos, que fueron llamadas «torneos».

EDAD MEDIA

DURANTE LA EDAD MEDIA, el deporte desapareció prácticamente de Europa. Tras la caída del Imperio romano, en el siglo V, Europa quedó dominada por tribus nómadas. La vida se convirtió en una constante lucha por la supervivencia y apenas quedaba tiempo libre. Además, los primeros cristianos creían que el deporte era una actividad maligna, que inducía a la tentación. Hacia el año 1000, los señores empezaron a fomentar los deportes guerreros para preparar a sus hombres en el arte de la guerra. Primero en Francia y después en toda Europa, empezaron a celebrarse competiciones de esgrima, de tiro con arco y torneos, así llamados por las rápidas vueltas que se veían obligados a dar los caballos.

△ TAMBIÉN existían justas acuáticas. Cada contrincante intentaba tirar al otro al agua.

▷ EL TIRO CON ARCO también servía de entrenamiento para la guerra. Los arcos se hacían de tejo y las flechas de cedro.

◁ EN ESTA TALLA inglesa del siglo XIV aparece un juego de pelota similar al fútbol.

◁ DOS HOMBRES inflan la pelota para el *pallo*, una forma primitiva de fútbol que se jugaba en Italia en siglo XVI.

◁▽ EN LAS CALLES de Londres se jugaba a una especie de fútbol. En 1314 se prohibió por los alborotos que ocasionaba.

△ El tenis Real, inventado por monjes franceses en el siglo XIII, era el juego favorito de la nobleza.

△ Raquetas de distintas épocas. Al principio, el tenis se jugaba con la mano. Las primeras raquetas eran de tripa de gato, tensada en diagonal sobre un bastidor de madera.

Renacimiento

Durante los siglos XIV y XV, se dio en Europa un gran resurgimiento artístico y cultural, que se conoce con el nombre de Renacimiento. A lo largo de este período, se produjo un cambio de mentalidad que trajo consigo un sentido más pagano y material de la vida. El ocio y el deporte dejaron de ser considerados pecado. La nobleza y la nueva clase de ricos comerciantes disfrutaban de las artes y de los deportes.

Tras la invención de las armas de fuego en el siglo XVI, la espada perdió importancia en el combate, y la esgrima, en la que tiene más valor la habilidad que la fuerza, se convirtió en el pasatiempo de la nobleza.

▽ Hacia 1580, la nobleza jugaba a los bolos, un juego inglés que apareció hacia 1300.

△ Patines de madera holandeses del siglo XVI.

△ La referencia gráfica más antigua del patinaje, es un cuadro holandés (1396) de Santa Liduina, su patrona, que se rompió una costilla al sufrir una caída.

▷ Esgrima, en la Italia del siglo XV, con espada y capa.

△ AZULEJO HOLANDÉS que representa un juego muy parecido al golf.

DEPORTES MODERNOS

MUCHOS DE LOS DEPORTES actuales tuvieron su origen en Europa, y en especial en Gran Bretaña, durante los siglos XVII y XVIII. A principios del siglo XVII, el movimiento puritano, que consideraba pecaminoso el deporte, fue adquiriendo cada vez más fuerza en Gran Bretaña. Para contrarrestarlo, el rey Jacobo I de Inglaterra, gran aficionado al deporte, publicó en 1618 un documento titulado *El libro de los Deportes*, en el que establecía que se podían practicar «pasatiempos lícitos» los domingos y festivos. Así, empezaron a extenderse el críquet, el golf, el remo, el billar, el tenis y otros juegos de raqueta. En las aldeas era muy popular el fútbol, un juego violento sin apenas reglas. Los ricos, mientras tanto, seguían practicando la caza y el tiro.

△ EL *KOLVEN*, que se jugaba en Holanda en el siglo XVII, era parecido al golf moderno. Los escoceses añadieron el hoyo.

△ EL *PAILLE-MAILLE*, juego que se practicaba en Francia hacia 1600, consistía en hacer pasar una pelota por un aro.

△ EL BILLAR estuvo muy en boga durante el siglo XVIII.

▽ EN EL SIGLO XVIII, los tacos de billar eran curvos.

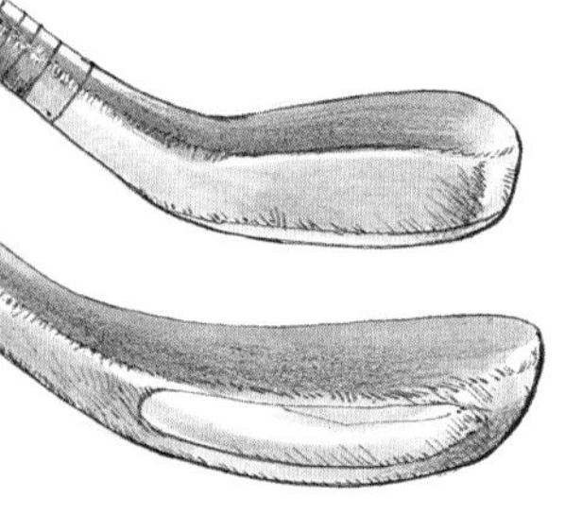

△ LA PALABRA «GOLF» se deriva del holandés *kolf*, que significa «palo».

△ LAS PRIMERAS PELOTAS de golf se confeccionaban con plumas de ganso forradas de cuero.

▽ CRÍQUET EN 1743. Los bates eran palos curvos y el *wicket* estaba formado por dos palos unidos con una rama.

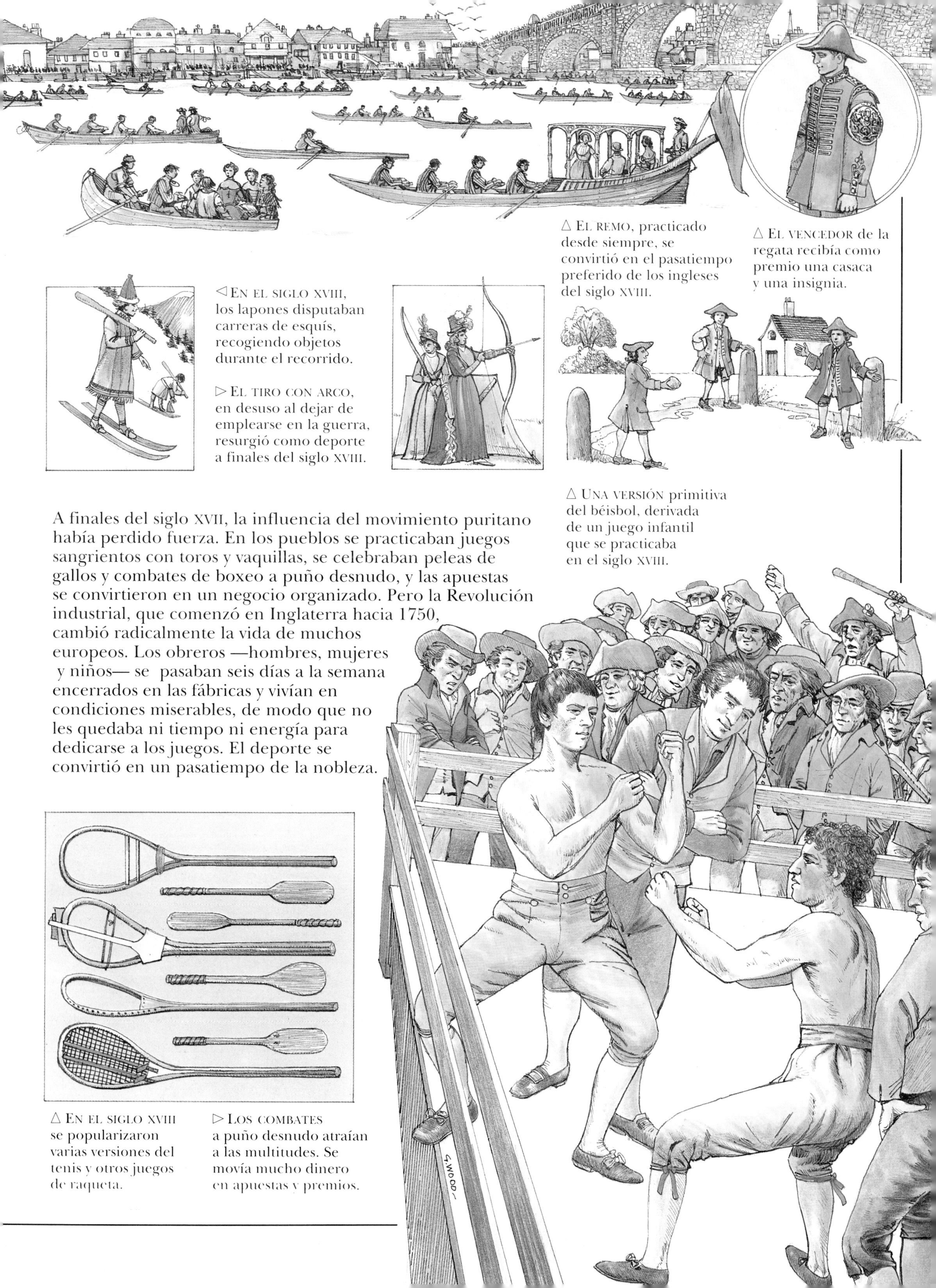

△ El remo, practicado desde siempre, se convirtió en el pasatiempo preferido de los ingleses del siglo XVIII.

△ El vencedor de la regata recibía como premio una casaca y una insignia.

◁ En el siglo XVIII, los lapones disputaban carreras de esquís, recogiendo objetos durante el recorrido.

▷ El tiro con arco, en desuso al dejar de emplearse en la guerra, resurgió como deporte a finales del siglo XVIII.

△ Una versión primitiva del béisbol, derivada de un juego infantil que se practicaba en el siglo XVIII.

A finales del siglo XVII, la influencia del movimiento puritano había perdido fuerza. En los pueblos se practicaban juegos sangrientos con toros y vaquillas, se celebraban peleas de gallos y combates de boxeo a puño desnudo, y las apuestas se convirtieron en un negocio organizado. Pero la Revolución industrial, que comenzó en Inglaterra hacia 1750, cambió radicalmente la vida de muchos europeos. Los obreros —hombres, mujeres y niños— se pasaban seis días a la semana encerrados en las fábricas y vivían en condiciones miserables, de modo que no les quedaba ni tiempo ni energía para dedicarse a los juegos. El deporte se convirtió en un pasatiempo de la nobleza.

△ En el siglo XVIII se popularizaron varias versiones del tenis y otros juegos de raqueta.

▷ Los combates a puño desnudo atraían a las multitudes. Se movía mucho dinero en apuestas y premios.

ANIMALES

△ LAS PELEAS DE GALLOS con apuestas eran un «deporte» muy popular en la Edad Media.

LOS ANIMALES se han utilizado en la práctica deportiva durante miles de años. Los hombres primitivos demostraban su fuerza y habilidad cazando animales salvajes. La caza también formaba parte de algunos rituales religiosos. En el Antiguo Egipto, la caza se convirtió en el pasatiempo de los nobles, y ha continuado siéndolo desde entonces, primero con lanzas, arcos y flechas, y después con armas de fuego.

En la actualidad, mucha gente no considera ya que perseguir y matar animales sea un «deporte» y han surgido movimientos que se oponen a los llamados «deportes sangrientos». Pero aún se siguen practicando actividades como las corridas de toros, las peleas de gallos y la caza del zorro, algunas de las cuales gozan de gran popularidad. En Estados Unidos, por ejemplo, se ha denunciado el resurgimiento de las peleas de perros, en las que se utilizan bull-terriers.

△ PARTIDO DE POLO en Londres (1873). El polo era un juego muy antiguo, que fue redescubierto por los ingleses en la India a mediados del siglo XIX.

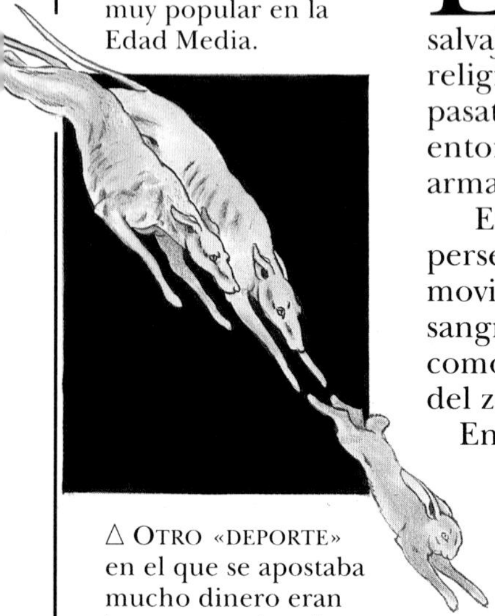

△ OTRO «DEPORTE» en el que se apostaba mucho dinero eran las carreras de galgos con liebres.

△ EL PRIMER GRAND NATIONAL se celebró en Aintree (1839). Los saltos de obstáculos comenzaron cuando se permitió el cercado de los campos con setos.

▽ LA CAZA DEL ZORRO se practica en Gran Bretaña y Estados Unidos. En muchos lugares se ha sustituido por uno falso rastreo, en la que los perros siguen un rastro oloroso artificial rociado por la zona de «caza».

▽ CARRERAS DE CABALLOS, en Epsom, Inglaterra. El primer Derby de Epsom se celebró en 1780.

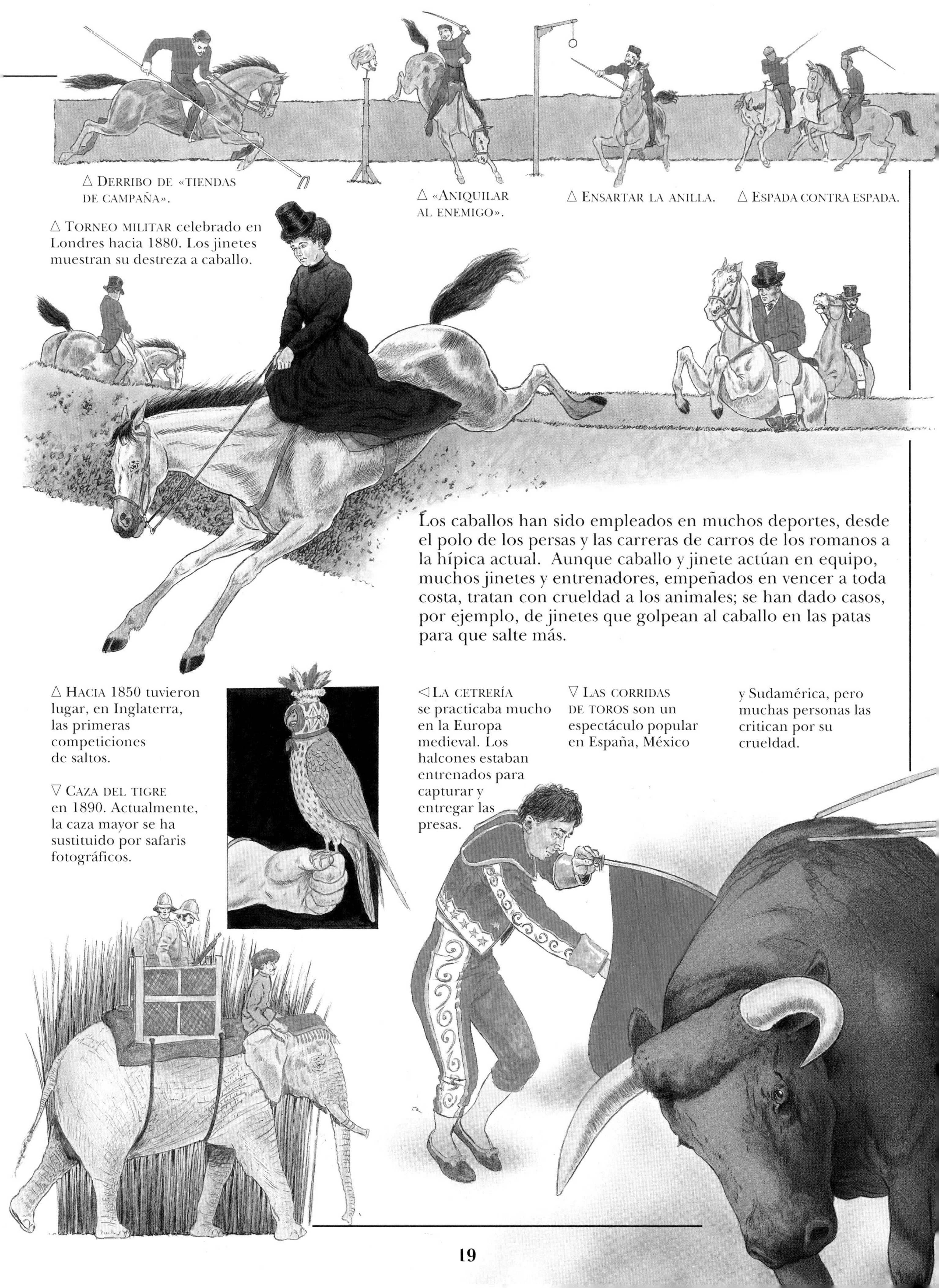

△ Derribo de «tiendas de campaña».

△ «Aniquilar al enemigo».

△ Ensartar la anilla.

△ Espada contra espada.

△ Torneo militar celebrado en Londres hacia 1880. Los jinetes muestran su destreza a caballo.

Los caballos han sido empleados en muchos deportes, desde el polo de los persas y las carreras de carros de los romanos a la hípica actual. Aunque caballo y jinete actúan en equipo, muchos jinetes y entrenadores, empeñados en vencer a toda costa, tratan con crueldad a los animales; se han dado casos, por ejemplo, de jinetes que golpean al caballo en las patas para que salte más.

△ Hacia 1850 tuvieron lugar, en Inglaterra, las primeras competiciones de saltos.

▽ Caza del tigre en 1890. Actualmente, la caza mayor se ha sustituido por safaris fotográficos.

◁ La cetrería se practicaba mucho en la Europa medieval. Los halcones estaban entrenados para capturar y entregar las presas.

▽ Las corridas de toros son un espectáculo popular en España, México y Sudamérica, pero muchas personas las critican por su crueldad.

Deportes de equipo

▽ El rugby nació en el colegio del mismo nombre, cuando un jugador cogió la pelota con las manos y echó a correr con ella, en lugar de utilizar los pies.

Al PRINCIPIO, los juegos de equipo tenían pocas reglas. Los deportes de contacto físico, como el fútbol, eran muy violentos y se producían numerosas lesiones e incluso muertes. Poco a poco, gracias al ferrocarril que facilitó los viajes, los juegos se difundieron y se organizaron campeonatos, por lo que se hizo necesario establecer reglas.

Los colegios, universidades y academias militares de Inglaterra, que tenían que mantener ocupados a sus jóvenes alumnos, fueron los primeros que organizaron deportes de equipo: en 1823, nació el rugby en el colegio de Rugby. En 1848, la Universidad de Cambridge elaboró el primer reglamento de fútbol.

△ Partido de fútbol en el colegio de Rugby a mediados del siglo XIX, cuando empezó a reglamentarse el juego.

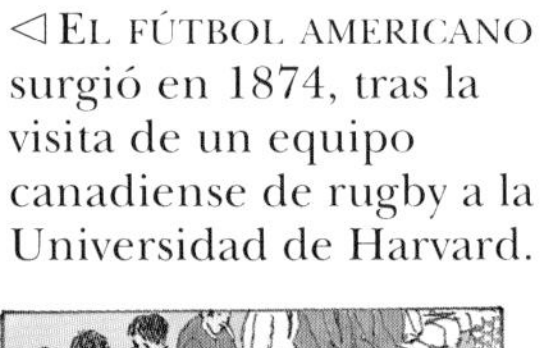

◁ El fútbol americano surgió en 1874, tras la visita de un equipo canadiense de rugby a la Universidad de Harvard.

▽ En algunos deportes, los jugadores llevaban gorras que representaban a sus países.

△ Fútbol de pared de Eton, una modalidad que sólo se practica en el colegio inglés de Eton.

△ El fútbol australiano combina el rugby y el fútbol gaélico (una modalidad irlandesa del juego).

◁ El juego de cabeza es una técnica que sólo se emplea en el fútbol.

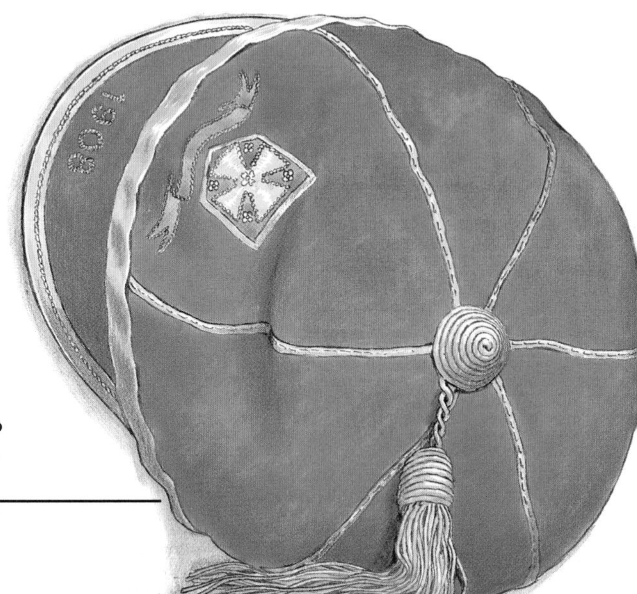

◁ CRÍQUET en el Oval de Londres, a finales del siglo XIX.

▷ EL INGLÉS LORD HAWKE (1860-1938) impulsó el críquet a nivel internacional y contribuyó a modernizarlo.

△ EL PRIMER campeonato internacional de críquet (Inglaterra contra Australia) se celebró en el Oval en 1880.

A finales del siglo XIX, el imperio colonial británico se hallaba en su apogeo. Los militares, misioneros y comerciantes británicos difundieron en muchos lugares deportes de equipo, como el críquet, el fútbol y el hockey. En España, el deporte comenzó a estructurarse a comienzos del siglo XX. En 1902, se organizó el primer campeonato nacional español de fútbol, la Copa de Su Majestad; los torneos de liga se iniciaron en 1928.

Mientras tanto, en Estados Unidos surgían nuevos juegos, como el fútbol americano, el béisbol y el balonvolea.

▽ LAS MUJERES JUGABAN AL HOCKEY con falda larga, medias y blusa con lazo o corbata.

△ CRÍQUET FEMENINO hacia 1890. Las mujeres jugaban al críquet desde principios de siglo.

▽ EL BÉISBOL se popularizó en Estados Unidos a principios del siglo XIX.

△ PARTIDO DE BÉISBOL en Inglaterra en 1874. Este juego nunca llegó a gustar en Europa.

△ EL BALONCESTO fue inventado en Illinois (EE.UU.), en 1891, por James Naismith.

CAMPEONATOS

▽ ▷ LA GIMNASIA resurgió en 1811, con la inauguración en Alemania del primer gimnasio al aire libre.

EL GRAN ACONTECIMIENTO deportivo de finales del siglo XIX fue, sin duda, la celebración de los primeros Juegos Olímpicos modernos. El pedagogo francés Pierre de Coubertin, incansable defensor de la introducción del deporte en los colegios, fue el principal impulsor de la primera Olimpiada de la era moderna.

En 1888, Coubertin logró reunir en París a los representantes de catorce países en un «Congreso para el restablecimiento de los Juegos Olímpicos» y propuso que se celebrasen en Atenas.

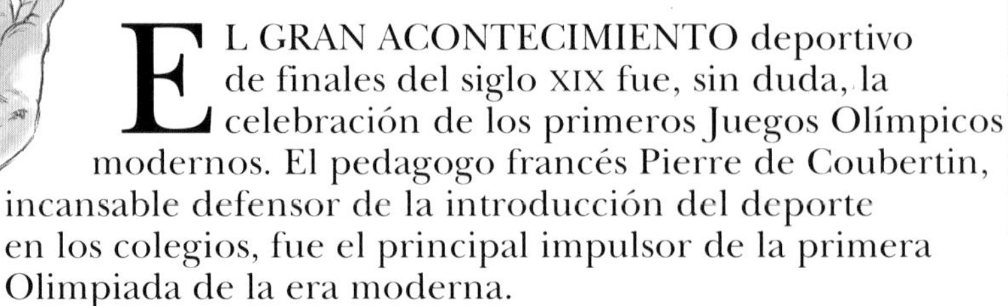

◁ LANZAMIENTO en los Juegos de las Highlands, en Escocia, una competición de origen muy antiguo.

En 1895, con la ayuda del financiero griego Averof y mediante una suscripción pública, se reconstruyó el estadio de mármol de Pericles, donde, al año siguiente, se celebraron los primeros Juegos Olímpicos modernos.

▷ EL TENIS EN PISTA DE HIERBA, practicado en Inglaterra en 1874, recibió el nombre de «sphairistike».

▽ EL BADMINTON, una adaptación de un juego hindú, utiliza raqueta y semiesfera con plumas.

▽ JUEGO DE FRONTÓN con raqueta.

◁ JUEGO DE FRONTÓN en la modalidad de mano.

▷ WIMBLEDON hacia 1880. En aquella época, al tenis se le llamaba *lawn-tennis*, ya que se jugaba sobre hierba.

▷ CARRERA CAMPO A TRAVÉS en Grasmere, Inglaterra (1901).

△ CARRERA DE 800 metros. Las mujeres compitieron por primera vez en la Olimpiada de 1928.

◁ RAY EWRY (EE.UU.) ganó diez medallas olímpicas de oro, entre 1900 y 1908, en las pruebas de salto sin carrerilla, que ya no se practican.

En las primeras Olimpiadas modernas, celebradas en Atenas en homenaje a los antiguos Juegos Olímpicos griegos, sólo participaron doce países. Sin embargo, tuvieron un gran éxito, lo que dio impulso al movimiento para su restablecimiento.
Desde 1896, los Juegos Olímpicos se han venido celebrando cada cuatro años, excepto durante las dos guerras mundiales.

A partir de 1920, los anillos olímpicos representan los cinco continentes, y desde entonces aparecen como símbolo en la bandera oficial.

Atenas, 1896

Amberes, 1920

Amsterdam, 1925

▷ MEDALLAS OLÍMPICAS

△ EL ESTADIO OLÍMPICO de Atenas en 1896, con capacidad para 80.000 espectadores.

▷ SALIDA DE LA CARRERA de 100 metros, una de las doce pruebas de atletismo de la Olimpiada de 1896.

REGLAMENTOS

A FINALES DEL SIGLO XIX, los avances de las comunicaciones y los transportes facilitaron las competiciones deportivas, y surgió la necesidad de establecer reglamentos escritos. En Europa y Estados Unidos, al mejorar el nivel de vida, la gente disponía de más tiempo libre para practicar deportes y asistir a espectáculos de este tipo.

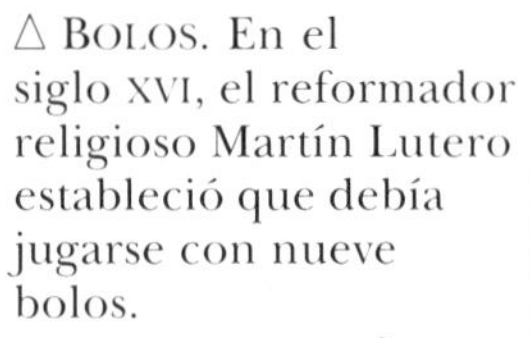

△ BOLOS. En el siglo XVI, el reformador religioso Martín Lutero estableció que debía jugarse con nueve bolos.

△ HACIA 1870, en EE.UU. se jugaba con diez bolos, porque los bolos de nueve se habían prohibido por considerarse un juego de delincuentes.

◁ LA ESGRIMA era una de las pruebas de la primera Olimpiada moderna (1896).

◁ DUELO A ESPADA hacia 1870. Durante siglos, los duelos fueron una manera aceptada de zanjar disputas. Se regían por normas muy estrictas. De los duelos surgió el deporte de la esgrima.

Un nuevo reglamento transformó el boxeo. El combate con los puños era un deporte sangriento practicado ya en tiempos de los antiguos griegos y su brutalidad no había variado mucho en la Inglaterra del siglo XIX: los púgiles peleaban sin interrupción hasta que uno de los dos quedaba fuera de combate. En 1865, el marqués de Queensberry estableció doce reglas que, con ligeras alteraciones, se han venido siguiendo desde entonces en todo el mundo.

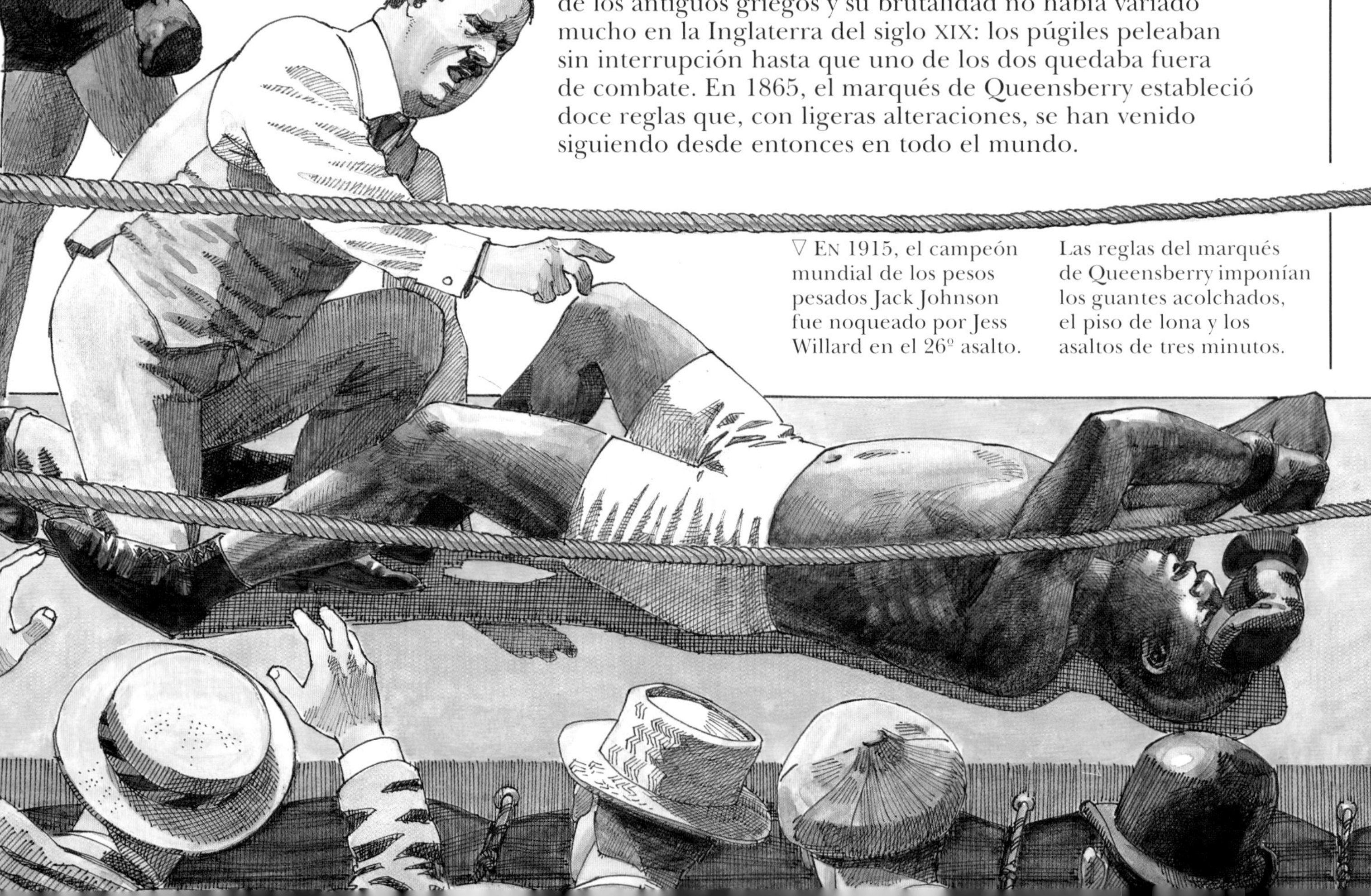

▽ EN 1915, el campeón mundial de los pesos pesados Jack Johnson fue noqueado por Jess Willard en el 26º asalto.

Las reglas del marqués de Queensberry imponían los guantes acolchados, el piso de lona y los asaltos de tres minutos.

SOBRE RUEDAS

△ VELOCÍPEDOS antiguos:
1. Biciclo.
2. Triciclo.
3. Tándem.

◁ CARRERA de motocicletas en los años veinte. El diseño básico de la máquina ha cambiado muy poco con el tiempo.

▽ MOTOCICLETA de carreras francesa de 1903.

△ A PRINCIPIOS de siglo aparecieron los primeros clubes de entusiastas de la moto y el automóvil.

LOS DEPORTES SOBRE RUEDAS comenzaron con las carreras de carros. La aparición de la bicicleta y la invención del motor de combustión interna en 1862 dieron un nuevo auge a estos deportes. En 1868 se disputó en París la primera carrera ciclista, aunque las bicicletas existían desde hacía ya cincuenta años. A finales del siglo XIX, la motocicleta y el automóvil añadieron una nueva dimensión a las carreras.

La primera carrera automovilística se desarrolló en las carreteras francesas en 1895. Los fabricantes de coches y de motocicletas vieron en las carreras un modo de dar a conocer sus modelos. Cuando los vehículos se hicieron más veloces, las carreras se trasladaron de las carreteras a circuitos construidos especialmente para su celebración.

△ CARRERA de biciclos en 1875.

△ CARRERA de coches en Brooklands, Inglaterra, en 1909.

DEPORTES ACUÁTICOS

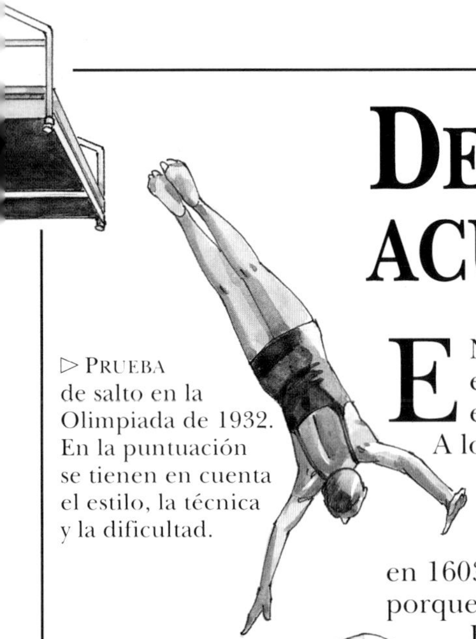

EN PINTURAS DEL ANTIGUO EGIPTO aparecen escenas de gente nadando. En la Grecia Antigua, el remo y la natación eran actividades cotidianas. A los griegos no les interesó la natación como deporte; sin embargo, ya se celebraban competiciones de remo por lo menos hace 2.500 años. Las primeras competiciones de natación se organizaron en Japón en 1603; en Europa no existió afición hasta el siglo XIX, porque se creía que el agua transmitía enfermedades. En los Juegos Olímpicos de Atenas de 1896 se incluyeron pruebas de natación.

▷ PRUEBA de salto en la Olimpiada de 1932. En la puntuación se tienen en cuenta el estilo, la técnica y la dificultad.

△ MATTHEW WEBB fue el primero que atravesó a nado el canal de la Mancha, en 1875. Tardó 21 horas y 45 minutos.

△ ▷ SALIDA de la prueba de natación de 400 metros libres en la Olimpiada de 1932.

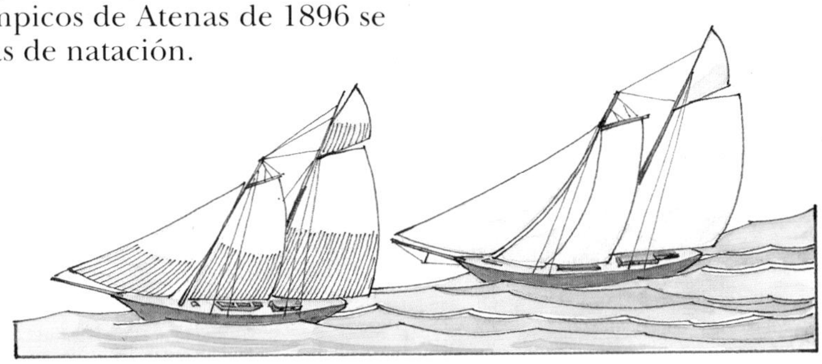

△ EN 1851 se disputó una regata de yates alrededor de la isla de Wight. Ganó el yate *America* de Nueva York.

Esta prueba dio origen a la Copa América, que aún se sigue disputando.

▽ EL KAYAK moderno se inspira en el kayak de los inuit o esquimales. La afición al piragüismo deportivo comenzó hacia 1860.

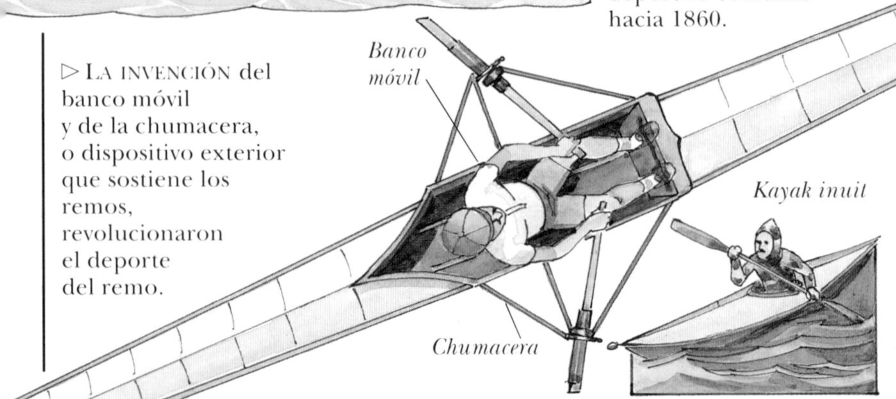

▷ LA INVENCIÓN del banco móvil y de la chumacera, o dispositivo exterior que sostiene los remos, revolucionaron el deporte del remo.

Banco móvil

Kayak inuit

Chumacera

◁ LA REGATA anual que enfrenta a las universidades de Oxford y Cambridge se viene celebrando desde 1829.

△ REGATA de Henley, Inglaterra, en 1900. Esta regata se viene celebrando cada año desde 1839.

GRANDES CAMPEONAS

HASTA HACE POCO TIEMPO, las mujeres tuvieron problemas para practicar numerosos deportes, debido a los prejuicios y a un concepto equivocado de la feminidad. En los antiguos Juegos Olímpicos, las mujeres no podían asistir ni como espectadoras, y en la primera Olimpiada moderna de 1896 no se permitió su participación. Pero, a pesar de todos los obstáculos, a finales del siglo XIX y principios del XX, algunas mujeres se convirtieron en leyendas del deporte. Una de ellas fue la nadadora estadounidense Gertrude Ederle, que atravesó el canal de la Mancha, en 1926, rebajando en dos horas el récord masculino.

Las mujeres casi nunca compiten con los hombres, pero ha habido algunas campeonas mundiales de hípica y carreras automovilísticas, y mujeres piloto en equipos masculinos de remo. En 1980, la estadounidense Shirley Muldowney se convirtió en la primera persona que ganaba tres títulos mundiales en carreras de obstáculos.

△ LAS MUJERES pudieron competir por primera vez en Wimbledon en 1884, siete años después de que naciera esta competición. Los campeonatos de EE.UU. se iniciaron en 1881 y las mujeres participaron por primera vez en 1887. El tenis fue, en la Olimpiada de París de 1900, el primer deporte olímpico femenino.

△ LOTTIE DOD (Reino Unido) fue, con 15 años de edad, la campeona más joven de Wimbledon en 1887.

△ CON SU JUEGO, la tenista francesa Suzanne Lenglen transformó el tenis en los años veinte.

△ «BABE» DIDRIKSON (EE.UU.) ganó dos medallas de oro (en jabalina y vallas) en la Olimpiada de 1932.

△ SONJA HEINE (Noruega) ganó diez títulos mundiales de patinaje (de 1927 a 1936) y tres medallas olímpicas.

△ GERTRUDE EDERLE (EE.UU.) cruzó a nado el canal de la Mancha (1926), rebajando en dos horas el récord masculino.

ÍDOLOS

EL DEPORTE cambió radicalmente en los años veinte. Hasta entonces, con pocas excepciones, el deporte estaba considerado como un pasatiempo y lo practicaban aficionados que no cobraban por ello. Pero con la aparición de las retransmisiones radiofónicas, los deportes se convirtieron en un entretenimiento de masas, sobre todo en Estados Unidos, y empezaron a ser utilizados por la publicidad para promocionar productos. El deporte se convirtió en un gran negocio y algunos campeones se convirtieron en leyenda. A las figuras se las pagaba para que dedicaran todo su tiempo al deporte, y así se transformaron en profesionales. Sólo algunos deportes, como el tenis y el atletismo, se resistieron durante algún tiempo a la profesionalización.

△ EL YANKEE STADIUM de béisbol, construido en 1923. *Abajo:* el emblema de los Yankees de Nueva York, equipo de Babe Ruth.

△ GENE TUNNEY (EE.UU.) le arrebató a Dempsey el título mundial y más tarde se retiró imbatido.

▽ EL CAMPEÓN de tenis Bill Tilden (EE.UU.) se mantuvo invicto durante seis años (1920-25).

▽ PAAVO NURMI, el «finlandés volador», ganó nueve medallas olímpicas de oro en los años 20.

▽ WALTER HAGEN (EE.UU.) dio prestigio al golf profesional en los años 20. En los años 30, el aficionado Bobby Jones (en el círculo) se convirtió en la primera estrella del golf.

▽ EL BOXEADOR Jack Dempsey (EE.UU.) fue campeón mundial de los pesos pesados durante siete años (1919-26).

▽ BABE RUTH, tal vez la mayor estrella del béisbol y uno de los mejores bateadores de todos los tiempos.

◁ EL NADADOR estadounidense Johnny Weissmuller ganó cinco medallas de oro en las Olimpiadas de 1924 y 1928.

Bill Tilden

Bobby Jones

Jack Dempsey

Paavo Nurmi

Babe Ruth

Johnny Weissmuller

Walter Hagen

△ Larwood capitaneó el equipo inglés de críquet en su gira de 1932-33 por Australia, donde la gran estrella era Bradman.

Cancha mundial

△ El Trofeo Jules Rimet, o Copa del Mundo de fútbol, lleva el nombre del francés que organizó el campeonato.

▷ En la final de la primera Copa del Mundo de fútbol (1930), Uruguay venció a Argentina por 4-2.

◁ Jesse Owens (EE.UU.) ganó cuatro medallas de oro en la Olimpiada de Berlín, asestando un duro golpe al ideal nazi de la superioridad blanca.

▽ La Olimpiada de 1936 fue la primera en la que la llama olímpica se encendió en Grecia.

En los años treinta, la política se mezcló con el deporte: los líderes políticos empezaron a utilizarlo para dar una buena imagen de sus gobiernos, costumbre que ha continuado hasta nuestros días. Benito Mussolini, dictador fascista de Italia, invirtió grandes sumas de dinero en el equipo nacional de fútbol, que ganó la Copa del Mundo en 1934 y 1938. En Alemania, el régimen nazi de Adolf Hitler organizó unos espectaculares Juegos Olímpicos en Berlín (1936), con la intención de convencer al mundo del éxito de su política racista. Nueve años después, al concluir la Segunda Guerra Mundial, el mundo se enteraría de los horrores del régimen nazi.

GUERRA Y PAZ

LA SEGUNDA GUERRA MUNDIAL (1939-1945) trajo consigo una paralización del deporte internacional. Poco antes de su estallido, los estadounidenses habían vibrado con las proezas de Joe Louis, campeón mundial de boxeo. Los negros y las mujeres habían encontrado en el deporte oportunidades que se les negaban en otros terrenos de la vida, pero aún seguían teniendo problemas para practicar deportes de equipo. Hasta 1946 no se admitió a un negro, Kenny Washington, en la liga profesional de fútbol americano, y lo mismo sucedió hasta 1947 con Jackie Robinson y el béisbol profesional. Y, aun así, ambos siguieron sufriendo discriminaciones raciales, algunas por parte de sus propios compañeros de equipo.

Después de la guerra, el deporte volvió a prosperar. La URSS sacó a sus atletas de detrás del «telón de acero», lo cual tuvo repercusiones inmediatas en el deporte internacional.

△ JACKIE ROBINSON, a la izquierda, jugador de béisbol, y Kenny Washington, de fútbol americano.

△ EL JUGADOR británico de críquet Denis Compton fue uno de los primeros deportistas europeos que aparecieron en anuncios.

◁ JOE LOUIS (EE.UU.) derriba a un contrincante. Su largo reinado como campeón de los pesos pesados (1937-1949) contribuyó a que se aceptara a los deportistas negros como profesionales.

▽ EN 1954, ROGER BANNISTER (Reino Unido) corrió por primera vez la milla en cuatro minutos, rompiendo un récord mundial imbatido desde 1945.

▷ STANLEY MATTHEWS, estrella del fútbol inglés, cuya carrera abarcó cuatro décadas (1931-1965).

▽ LA GIMNASTA Larissa Latynina, uno de los numerosos atletas soviéticos que triunfaron en las Olimpiadas de 1956.

▷ EL DINAMO DE MOSCÚ realizó, en 1945, una breve gira por Gran Bretaña. Después, el fútbol soviético desapareció de la escena internacional durante varios años.

El poder de la televisión

Desde los años cincuenta, la televisión ha ejercido una influencia decisiva en el deporte. En Estados Unidos, el fútbol americano se adaptó a las necesidades de las cadenas televisivas, que, por ejemplo, insistieron en que se dividiera el partido en cuatro partes para emitir anuncios en los descansos. La TV hizo que el deporte llegase a las grandes masas; en 1956, tres cuartas partes de los hogares estadounidenses tenían televisor. Los deportistas se convirtieron en estrellas de la pantalla y las competiciones internacionales se podían contemplar ya desde cualquier hogar.

△ Las retransmisiones en directo de los partidos resucitaron el fútbol americano en 1958.

△ En la semifinal olímpica de waterpolo de 1956, entre Hungría y la URSS, salieron a relucir las tensiones que enfrentaban a ambos países. Un mes antes, la URSS, había invadido Hungría y 7.000 húngaros habían muerto. El árbitro detuvo el partido tras el primer derramamiento de sangre, cuando Hungría iba ganando 4-0.

△ El etíope Abebe Bikila ganó descalzo la maratón olímpica de 1960, y se convirtió en un ejemplo para los deportistas africanos.

◁ Rod Laver (Australia) ganó el torneo de Wimbledon en 1968, el primer año en que se admitían profesionales, convirtiéndose en el primer campeón profesional.

▽ El saludo del «poder negro», con el que algunos atletas de color protestaron desde el podio en las Olimpiadas de 1968, denunciando el racismo en EE.UU. Fueron sancionados por su actitud.

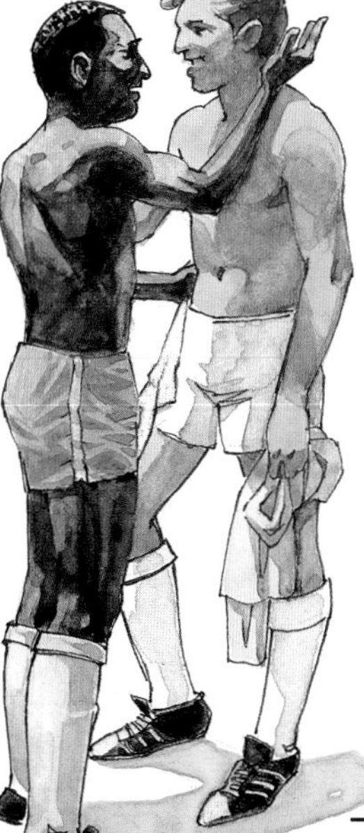

◁ Los futbolistas Pelé (Brasil) y Bobby Moore (Inglaterra) intercambian camisetas en la Copa del Mundo de 1970.

◁ Cuando Basil D'Oliveira fue seleccionado, en 1968, para la gira mundial de la selección inglesa de críquet, Sudáfrica protestó porque era negro. Posteriormente, Sudáfrica quedó excluida de las competiciones internacionales a causa de su sistema de *apartheid*, que privaba de derechos a la mayoría negra, y la obligaba a vivir separada de la población blanca.

Los Juegos Olímpicos

EL MAGNÍFICO ESTADIO OLÍMPICO de Munich, que vemos aquí, sirvió de escenario en 1972 a unos Juegos que prometían ser memorables. Pero un comando terrorista palestino causó la muerte de once miembros de la delegación israelí, suceso que abrió un período de la historia olímpica marcado por el terrorismo y la política. Las olimpiadas se convirtieron en objeto de presiones por parte de grupos y de gobiernos deseosos de imponer sus criterios.

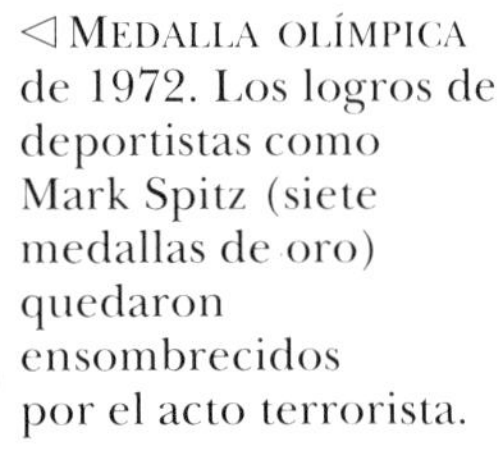

◁ MEDALLA OLÍMPICA de 1972. Los logros de deportistas como Mark Spitz (siete medallas de oro) quedaron ensombrecidos por el acto terrorista.

◁ UNO DE LOS TERRORISTAS que secuestraron al equipo israelí en 1972.

▽ BORIS ONISHCHENKO (URSS) fue descalificado en la Olimpiada de 1976 por hacer trampa en el pentatlón moderno.

▽ LA GIMNASTA rumana Nadia Comaneci recibió la puntuación máxima en 1976.

▽ SEBASTIAN COE (Reino Unido) derrotó a su compatriota Steve Ovett, campeón de 800 metros, en la prueba de 1.500 metros. Coe mantuvo el título hasta 1984.

▷ EL DECATLETA británico Daley Thompson, medalla de oro en 1980 y 1984, y el velocista estadounidense Carl Lewis (*derecha*), que ganó siete medallas de oro entre 1984 y 1992.

Las tres olimpiadas que siguieron a la de Munich se celebraron con la ausencia de alguna gran potencia deportiva. En la de Montreal (1976), se retiraron 32 países en protesta por las relaciones deportivas de Nueva Zelanda con la racista Sudáfrica. En la de Moscú (1980), Estados Unidos y otros países se negaron a asistir, a causa de la invasión de Afganistán por la URSS. La Unión Soviética y sus aliados se tomaron la revancha en 1984, boicoteando los Juegos Olímpicos de Los Ángeles.

Aunque las olimpiadas eran exclusivamente para aficionados, los fabricantes pagaban a algunos deportistas olímpicos por utilizar sus prendas y equipo. Asimismo, los gobiernos del bloque comunista pagaban a sus atletas para que se dedicaran exclusivamente al deporte, y, en Estados Unidos, las figuras deportivas recibían becas universitarias. En 1981, el Comité Olímpico Internacional empezó a permitir que los atletas tuvieran patrocinadores y recibieran dinero para gastos, aunque aún no se les pagaba por competir.

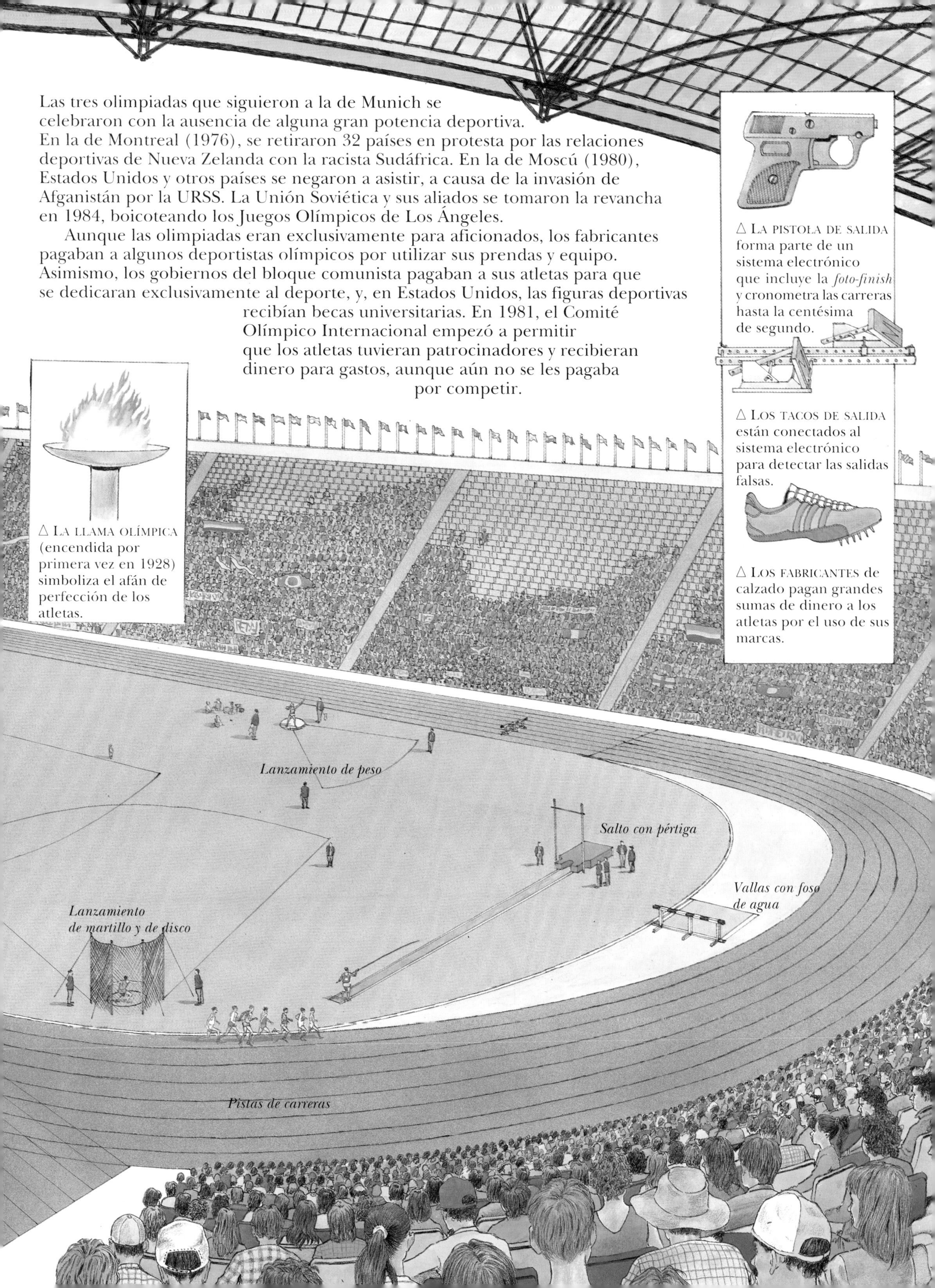

△ La pistola de salida forma parte de un sistema electrónico que incluye la *foto-finish* y cronometra las carreras hasta la centésima de segundo.

△ Los tacos de salida están conectados al sistema electrónico para detectar las salidas falsas.

△ Los fabricantes de calzado pagan grandes sumas de dinero a los atletas por el uso de sus marcas.

△ La llama olímpica (encendida por primera vez en 1928) simboliza el afán de perfección de los atletas.

DEPORTES DE INVIERNO

LOS ESQUÍS Y LOS PATINES se han utilizado desde la antigüedad como medio de locomoción sobre la nieve y el hielo. En el siglo XIV, en Holanda, ya se practicaba el patinaje como actividad recreativa, y se disputaban carreras en los canales.

El primer deporte de invierno incluido en el programa olímpico fue el patinaje artístico (Londres, 1908). En 1920, figuraba también el hockey sobre hielo.

La primera Olimpiada de Invierno se celebró en 1924 en Chamonix (Francia). En 1992, se decidió que los siguientes Juegos de Invierno se celebrarían en 1994, y a partir de éstos, cada cuatro años, para así no disputarse el mismo año que los de verano.

△ ESTATUA de Sonja Henie (Noruega), patinadora olímpica que más tarde fue estrella de cine.

▷ PATINADORES en el lago helado de Central Park, Nueva York, hacia 1860.

△ TORVILL Y DEAN obtuvieron la máxima puntuación, un «seis», en los Juegos Olímpicos de Invierno de Sarajevo de 1984.

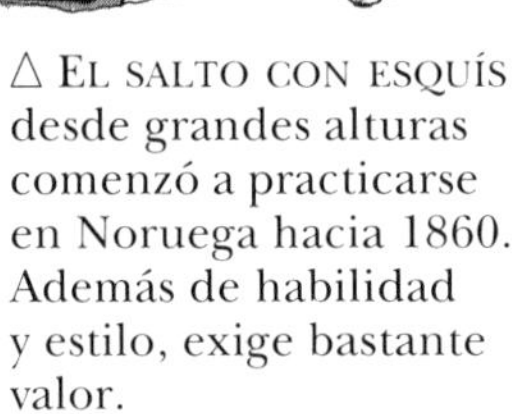

◁ LAS CARRERAS DE PATINES eran muy populares a principios de siglo. Los campeonatos mundiales masculinos se vienen celebrando desde 1889.

▷ CARRERA DE OBSTÁCULOS con raquetas para nieve, celebrada en Canadá a principios de siglo. Participaron tramperos, mineros y madereros.

△ EL PATINADOR estadounidense Eric Heiden ganó las cinco medallas de oro de las pruebas de velocidad en los Juegos de Invierno de 1980.

△ EL SALTO CON ESQUÍS desde grandes alturas comenzó a practicarse en Noruega hacia 1860. Además de habilidad y estilo, exige bastante valor.

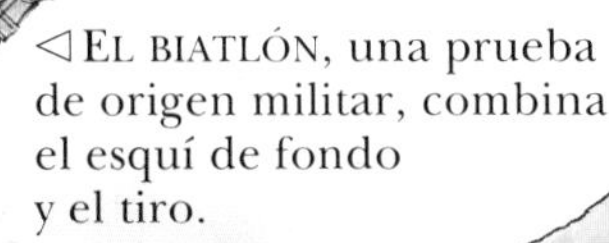

◁ EL BIATLÓN, una prueba de origen militar, combina el esquí de fondo y el tiro.

△ EL ESQUÍ ALPINO combina las pruebas de eslalon, eslalon gigante y descenso.

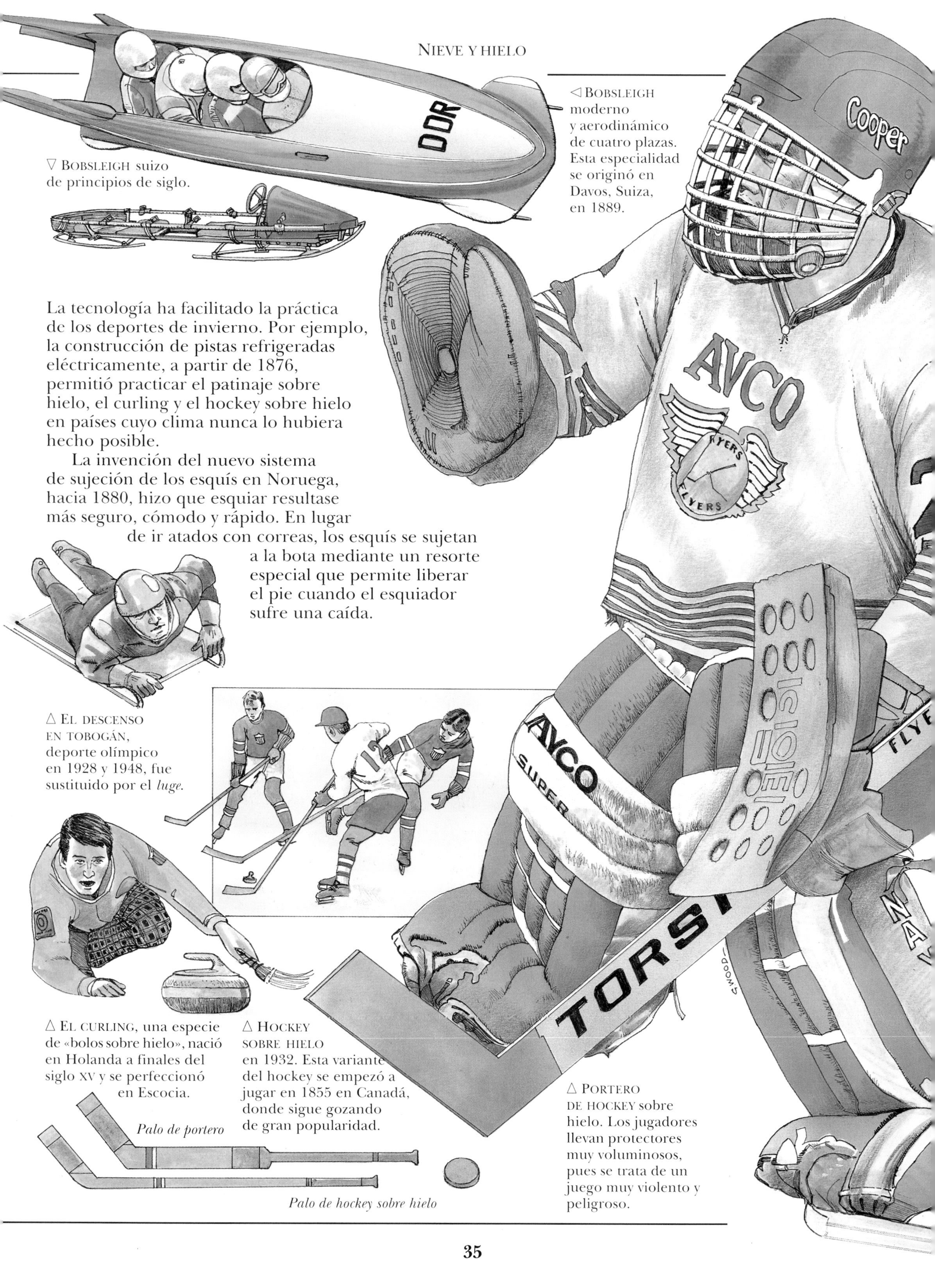

◁ BOBSLEIGH moderno y aerodinámico de cuatro plazas. Esta especialidad se originó en Davos, Suiza, en 1889.

▽ BOBSLEIGH suizo de principios de siglo.

La tecnología ha facilitado la práctica de los deportes de invierno. Por ejemplo, la construcción de pistas refrigeradas eléctricamente, a partir de 1876, permitió practicar el patinaje sobre hielo, el curling y el hockey sobre hielo en países cuyo clima nunca lo hubiera hecho posible.

La invención del nuevo sistema de sujeción de los esquís en Noruega, hacia 1880, hizo que esquiar resultase más seguro, cómodo y rápido. En lugar de ir atados con correas, los esquís se sujetan a la bota mediante un resorte especial que permite liberar el pie cuando el esquiador sufre una caída.

△ EL DESCENSO EN TOBOGÁN, deporte olímpico en 1928 y 1948, fue sustituido por el *luge.*

△ EL CURLING, una especie de «bolos sobre hielo», nació en Holanda a finales del siglo XV y se perfeccionó en Escocia.

△ HOCKEY SOBRE HIELO en 1932. Esta variante del hockey se empezó a jugar en 1855 en Canadá, donde sigue gozando de gran popularidad.

Palo de portero

Palo de hockey sobre hielo

△ PORTERO DE HOCKEY sobre hielo. Los jugadores llevan protectores muy voluminosos, pues se trata de un juego muy violento y peligroso.

LA ERA MODERNA

△ LOS COCHES DE CARRERAS actuales son como tablones de anuncios lanzados a 300 kilómetros por hora.

▽ EL CICLISMO también depende de los patrocinadores. Todos los grandes equipos están patrocinados por alguna marca.

EN LA ACTUALIDAD, el deporte es una industria mundial. Las estrellas cobran enormes sumas de dinero por jugar, por llevar publicidad en su ropa y por emplear el equipo de ciertas marcas. Los deportistas tienen representantes que cuidan de sus intereses, y algunos se hacen millonarios siendo aún adolescentes. Las cadenas de televisión compiten por los derechos de retransmisión de pruebas y partidos, y las empresas pagan cifras millonarias por anunciar sus productos durante los intermedios.

También existe una industria deportiva dirigida a los ciudadanos de los países desarrollados, que ahora disponen de más tiempo libre que nunca para practicar deportes y pueden gastar dinero en equipo y ropa. El deporte representa en la actualidad una parte importante de la economía de todos los países desarrollados.

△ EL CAMPEÓN de tenis John McEnroe, cuyas rabietas en la pista durante los años 80 le valieron el apodo de «Supermocoso».

◁ LAS TRIFULCAS son frecuentes en el hockey sobre hielo, y no parece que sirva de mucho enviar a los jugadores a la «zona de castigo».

▷ LA COPA MUNDIAL de críquet se ha adaptado a la televisión, con partidos nocturnos, uniformes vistosos y cámaras en los postes. También se han modificado algunas de sus reglas.

Chris Lewis, estrella del críquet

△ LOS FUTBOLISTAS tienen, a veces, que volver a jugar antes de reponerse del todo de una lesión.

◁ LOS DISMINUIDOS FÍSICOS también practican deportes. Los Juegos Paraolímpicos se celebran cada cuatro años, a continuación de los Olímpicos.

△ ELENA MOUKHINA, campeona de gimnasia en 1978, quedó impedida a causa del excesivo esfuerzo físico.

△ LOS JUGADORES de fútbol americano suelen tener una carrera muy corta, y algunos sufren lesiones permanentes.

La combinación deporte, dinero y medios de comunicación no ha sido un éxito completo. El dinero se ha convertido en un aliciente tan fuerte para el deporte que individuos, equipos e incluso naciones participan para «ganar a toda costa». Se ha extendido el consumo de estimulantes para mejorar el rendimiento y son más frecuentes las conductas antideportivas, como la del tenista estadounidense John McEnroe, cuyas groserías en Wimbledon, en 1981, y en otros torneos han sido luego imitadas por jugadores más jóvenes.

Los deportistas están sometidos a tales presiones, tanto por los premios en juego, como por parte de sus entrenadores quienes pueden quedarse sin empleo si no ganan, que las lesiones graves y el retiro prematuro son cada vez más frecuentes.

▷ BEN JOHNSON perdió su medalla olímpica y su récord de 1988 al dar positivo en un control antidopaje.

▽ DIEGO MARADONA confesó que tomaba drogas.

▽ EL BOXEADOR MIKE TYSON, campeón del mundo de los pesos pesados, vio truncada su carrera a causa de los escándalos.

Ben Johnson

Diego Maradona

Mike Tyson

Críquet
160 km/h

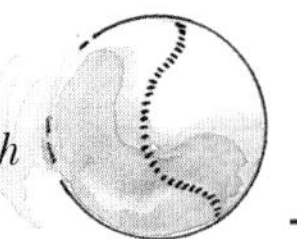
Béisbol
162 km/h

VELOCIDAD

Malcolm Campbell

LA VELOCIDAD ES EL PRINCIPAL motor de muchos deportes. La obsesión por ser el más rápido debió de llevar a los pueblos primitivos a organizar las primeras competiciones deportivas. Algunos deportes dependen fundamentalmente de la velocidad, aunque también se necesitan habilidad y técnica para generarla y aprovecharla. Los deportes más rápidos son los de motor, y su rapidez aumenta con cada nuevo avance tecnológico: los coches de carreras se diseñan y construyen con ayuda de ordenadores; la invención de la carrocería monocasco en la década de los sesenta, la del motor turbo en 1979 y el empleo de materiales de fibra de carbono ha supuesto la fabricación de coches de carreras cada vez más rápidos y ligeros.

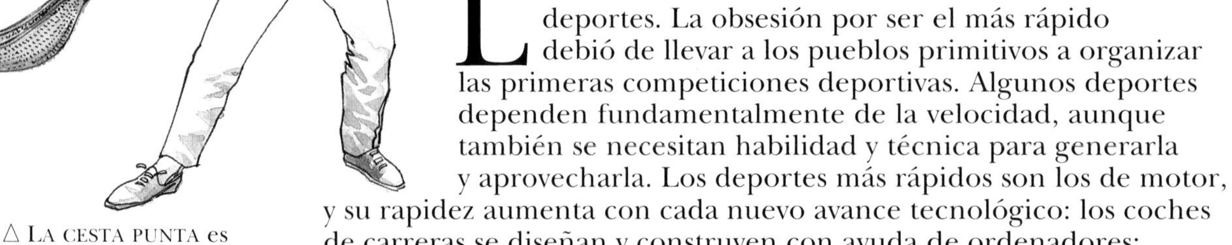
△ LA CESTA PUNTA es el juego de pelota más rápido. La pelota puede alcanzar los 300 km/h.

1. EN 1907, Curtiss puso un motor de avión a su moto para alcanzar los 220 km/h.

2. EN 1935, Malcolm Campbell fue el primero que logró alcanzar, en tierra, los 483 km/h.

4. EN 1899, EL BELGA Camille Jenatzy, con su coche eléctrico, fue el primero en superar los 100 km/h.

5. LOS TRINEOS DE VELA alcanzan los 230 km/h. De 1600 a 1830 eran el medio de transporte más rápido, con 80 km/h.

6. EN 1931, GAR WOOD fue el primero en alcanzar los 161 km/h en agua, con su *Miss America IX.*

7. MALCOLM CAMPBELL, en su *Bluebird*, ostentó el récord de velocidad en agua desde 1937 a 1950.

8. DONALD CAMPBELL fue el primero en superar los 232 km/h, en 1955, y estableció siete récords en agua.

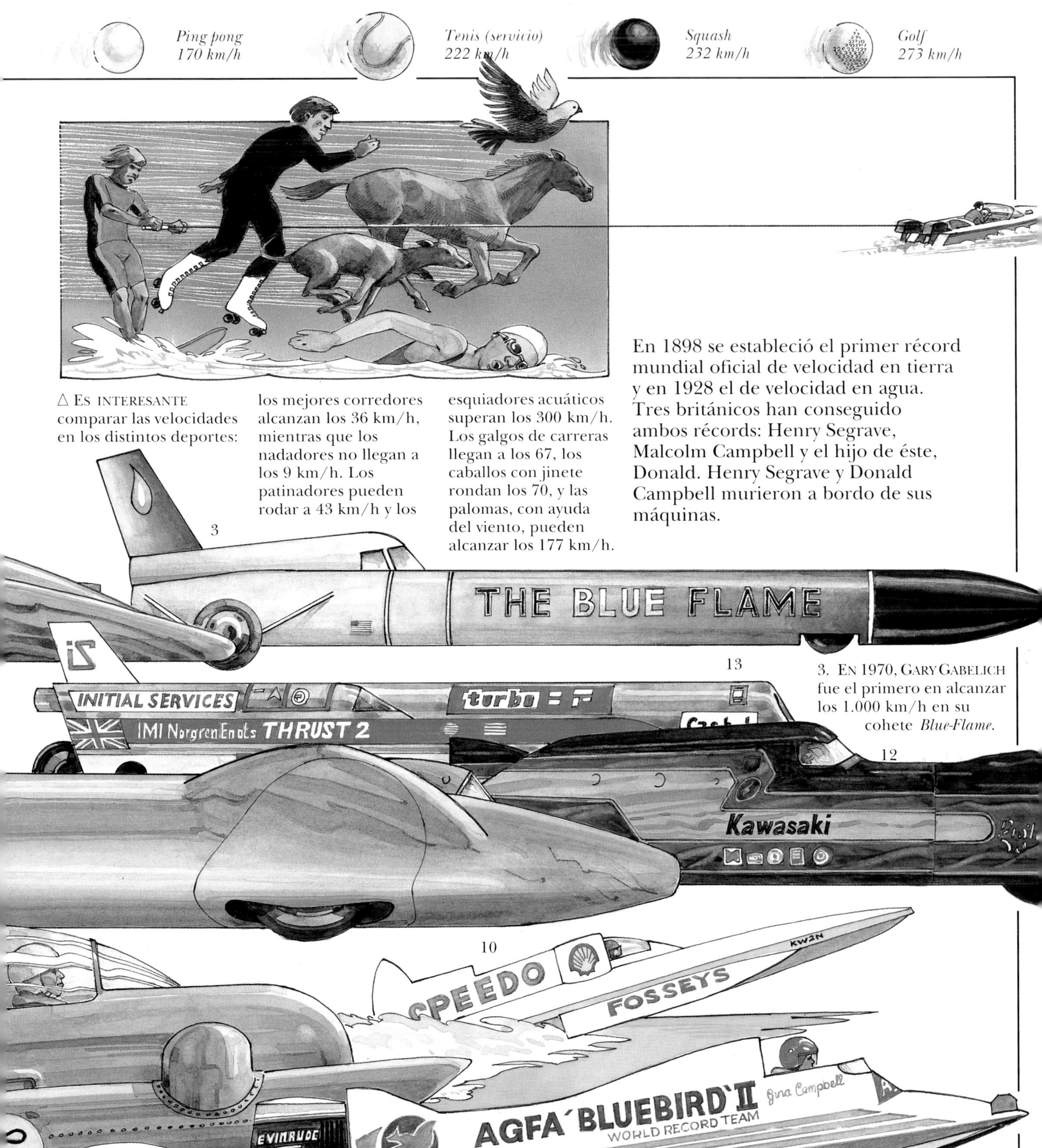

△ Es interesante comparar las velocidades en los distintos deportes: los mejores corredores alcanzan los 36 km/h, mientras que los nadadores no llegan a los 9 km/h. Los patinadores pueden rodar a 43 km/h y los esquiadores acuáticos superan los 300 km/h. Los galgos de carreras llegan a los 67, los caballos con jinete rondan los 70, y las palomas, con ayuda del viento, pueden alcanzar los 177 km/h.

En 1898 se estableció el primer récord mundial oficial de velocidad en tierra y en 1928 el de velocidad en agua. Tres británicos han conseguido ambos récords: Henry Segrave, Malcolm Campbell y el hijo de éste, Donald. Henry Segrave y Donald Campbell murieron a bordo de sus máquinas.

3. En 1970, Gary Gabelich fue el primero en alcanzar los 1.000 km/h en su cohete *Blue-Flame.*

9. En 1964, Donald Campbell, en el *Proteus Bluebird*, consiguió un nuevo récord en tierra: 644 km/h.

10. En 1978, Ken Warby, en el *Spirit of Australia,* estableció un nuevo récord en agua: 514 km/h.

11. En 1985, Gina Campbell, hija de Donald, estableció el récord femenino en agua: 198 km/h.

12. En 1978, Don Vesco, con su moto aerodinámica, estableció el récord en motocicleta: 512 km/h.

13. En 1983, Richard Noble, en su cohete *Thrust 2*, estableció el récord de velocidad en tierra: 1.019 km/h.

△ ▷ UNIFORMES DE FÚTBOL AMERICANO de principios de siglo. Más adelante se les añadió el número y luego también el nombre del jugador.

△ EL FÚTBOL se fue haciendo cada vez más rápido y los uniformes más ligeros. Hacia 1870 (1), los equipos sólo se distinguían por el color de la gorra. Hacia 1880 (2) aparecieron las camisetas de uniforme. En los años treinta (3), el uniforme era ya mucho más ligero, pero las botas seguían siendo pesadas.

ROPA Y EQUIPO

LOS AVANCES TECNOLÓGICOS y la moda han influido en la ropa deportiva. La aparición de nuevas fibras, como la lycra, inventada en los años setenta, revolucionó la vestimenta en deportes como el ciclismo y el atletismo. La lycra se adhiere al cuerpo, permite moverse con libertad y ofrece poca resistencia al viento. Pero otros deportistas, como los montañeros, han descubierto que la tecnología es incapaz de mejorar materiales con siglos de tradición, como la seda, que aísla del frío y a la vez protege contra el sol.

La ropa deportiva femenina tardó más en aparecer. En el siglo XIX, cuando las mujeres empezaron a practicar deportes, las faldas cortas y la ropa ligera se consideraban indecentes, por lo que las mujeres se veían obligadas a jugar con prendas totalmente inadecuadas para el deporte.

△ EL FÚTBOL MODERNO se juega con ropa y calzado ligeros. Las camisetas suelen llevar publicidad.

▽ *ALFA ROMEO* fue la marca de coches deportivos que dominó en los años 40, con pilotos como el argentino Juan Manuel Fangio.

▷ UN *PEUGEOT* de 1912, uno de los primeros triunfadores en grandes premios automovilísticos.

◁ EN 1908, un *Mercedes* ganó el Grand Prix de Francia a pesar de tener que cambiar once veces de neumáticos.

△ A FINALES de los años 20, los *Bentley* demostraron su eficacia dominando las 24 horas de Le Mans.

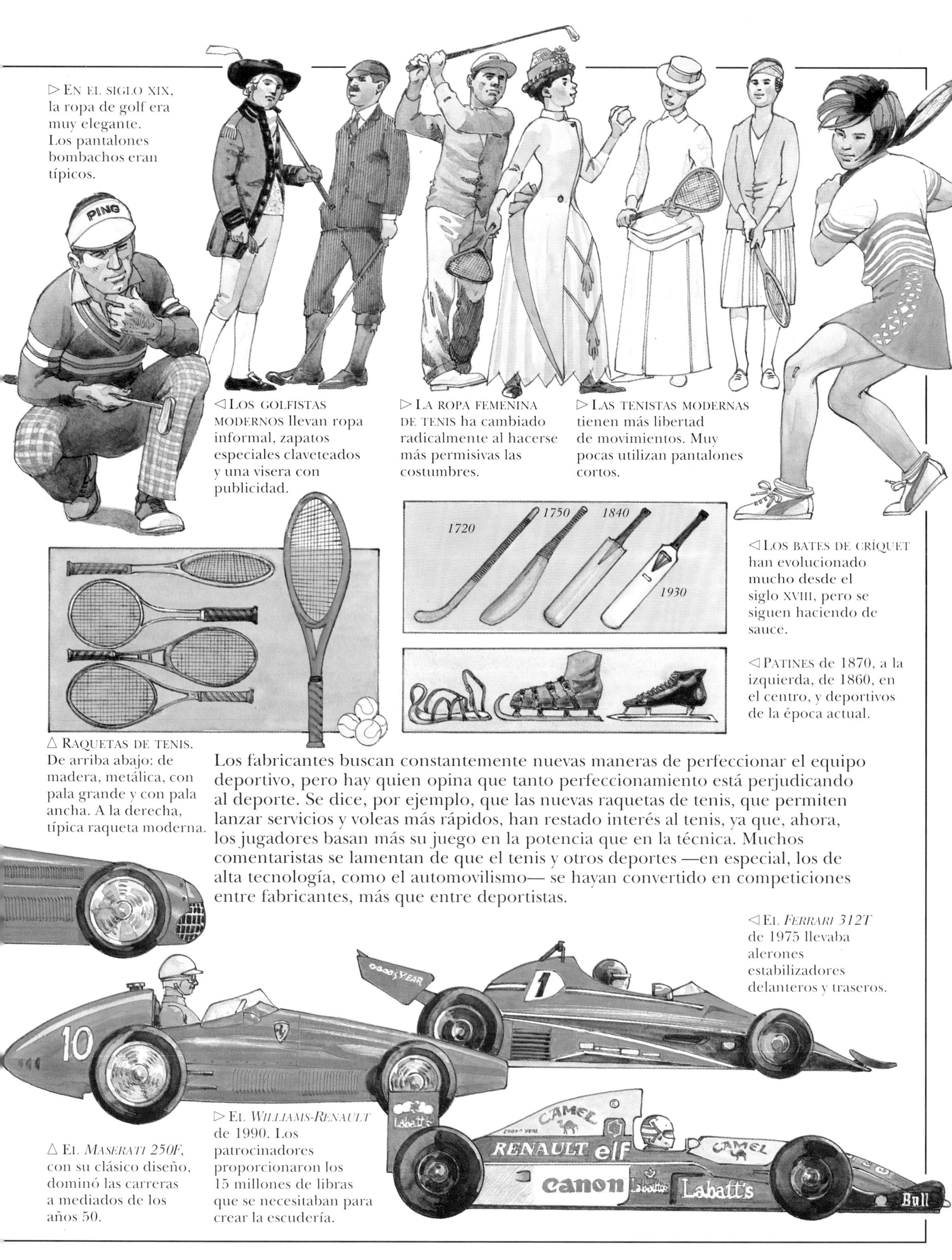

▷ EN EL SIGLO XIX, la ropa de golf era muy elegante. Los pantalones bombachos eran típicos.

◁ LOS GOLFISTAS MODERNOS llevan ropa informal, zapatos especiales claveteados y una visera con publicidad.

▷ LA ROPA FEMENINA DE TENIS ha cambiado radicalmente al hacerse más permisivas las costumbres.

▷ LAS TENISTAS MODERNAS tienen más libertad de movimientos. Muy pocas utilizan pantalones cortos.

◁ LOS BATES DE CRÍQUET han evolucionado mucho desde el siglo XVIII, pero se siguen haciendo de sauce.

◁ PATINES de 1870, a la izquierda, de 1860, en el centro, y deportivos de la época actual.

△ RAQUETAS DE TENIS. De arriba abajo: de madera, metálica, con pala grande y con pala ancha. A la derecha, típica raqueta moderna.

Los fabricantes buscan constantemente nuevas maneras de perfeccionar el equipo deportivo, pero hay quien opina que tanto perfeccionamiento está perjudicando al deporte. Se dice, por ejemplo, que las nuevas raquetas de tenis, que permiten lanzar servicios y voleas más rápidos, han restado interés al tenis, ya que, ahora, los jugadores basan más su juego en la potencia que en la técnica. Muchos comentaristas se lamentan de que el tenis y otros deportes —en especial, los de alta tecnología, como el automovilismo— se hayan convertido en competiciones entre fabricantes, más que entre deportistas.

◁ EL *FERRARI 312T* de 1975 llevaba alerones estabilizadores delanteros y traseros.

△ EL *MASERATI 250F*, con su clásico diseño, dominó las carreras a mediados de los años 50.

▷ EL *WILLIAMS-RENAULT* de 1990. Los patrocinadores proporcionaron los 15 millones de libras que se necesitaban para crear la escudería.

△ ESTE EQUIPO de «gimnasia médica» se inventó en 1897. Consta de una máquina para levantar peso (1), una máquina para realizar ejercicios sentado (2) y una máquina para cabalgar (3).

TECNOLOGÍA

EN EL DEPORTE, la tecnología no sólo se utiliza para mejorar el rendimiento y ganar velocidad, sino también para reducir los riesgos de lesiones. La seguridad es vital en deportes como el automovilismo, donde un accidente a gran velocidad puede tener consecuencias trágicas. Los coches de carreras, las pistas y los trajes de los pilotos están diseñados para proporcionar la máxima seguridad posible.

También es muy importante la protección en deportes de contacto físico. Los jugadores de fútbol americano fueron los primeros que usaron cascos de cuero; los cascos de plástico aparecieron en 1939; actualmente van forrados con una espuma especial que amortigua los golpes, con secciones internas inflables. Incluso en deportes como el tenis, el equipo está diseñado para evitar lesiones musculares.

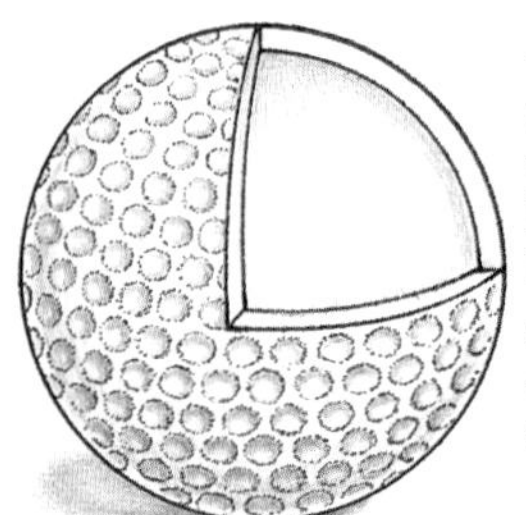

◁ LAS PELOTAS DE GOLF se confeccionan pensando en la distancia, la precisión y el control. Los hoyitos de la superficie sirven para que el vuelo sea más ajustado.

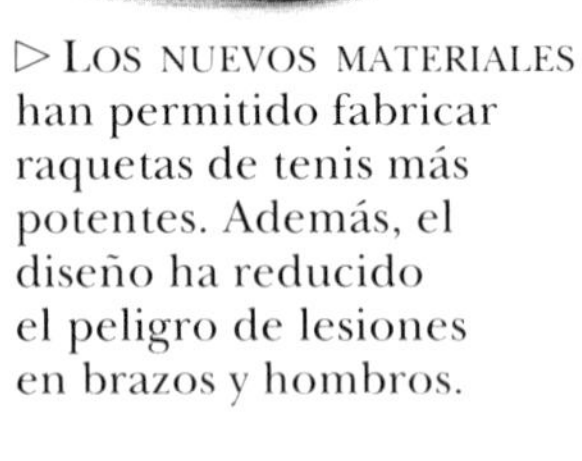

▷ LOS NUEVOS MATERIALES han permitido fabricar raquetas de tenis más potentes. Además, el diseño ha reducido el peligro de lesiones en brazos y hombros.

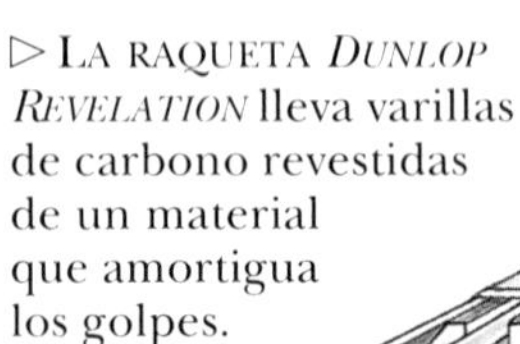

▷ LA RAQUETA *DUNLOP REVELATION* lleva varillas de carbono revestidas de un material que amortigua los golpes.

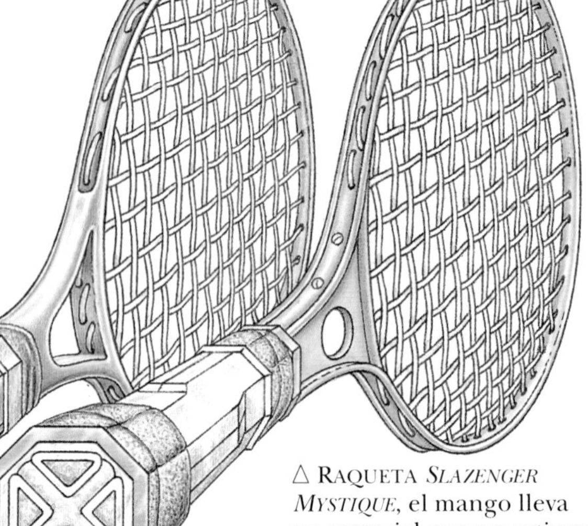

△ RAQUETA *SLAZENGER MYSTIQUE*, el mango lleva un material que amortigua los golpes.

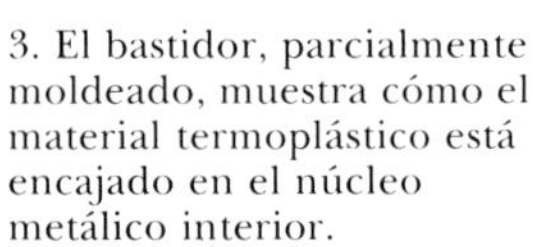

▽ EQUIPO DE UN PILOTO DE FÓRMULA 1.

Casco de fibra de vidrio resistente al fuego y con forro de espuma que amortigua los golpes.

Visor irrompible, resistente al fuego.

Hombreras con correas para arrastrar al piloto en caso de accidente.

Sistema de aire de emergencia para casos de fuego, activado por un botón.

Mono resistente a las llamas, que protege durante 50 segundos del fuego.

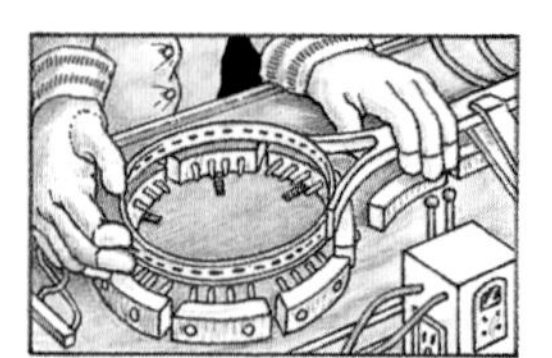

1. Las raquetas de tenis *Dunlop* se moldean por inyección. Primero se fabrica el núcleo metálico.

2. El núcleo se encaja en el molde de la raqueta y se inyecta el material termoplástico interior.

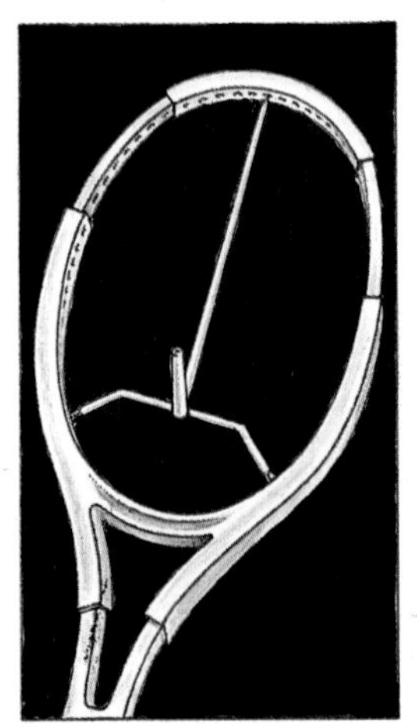

3. El bastidor, parcialmente moldeado, muestra cómo el material termoplástico está encajado en el núcleo metálico interior.

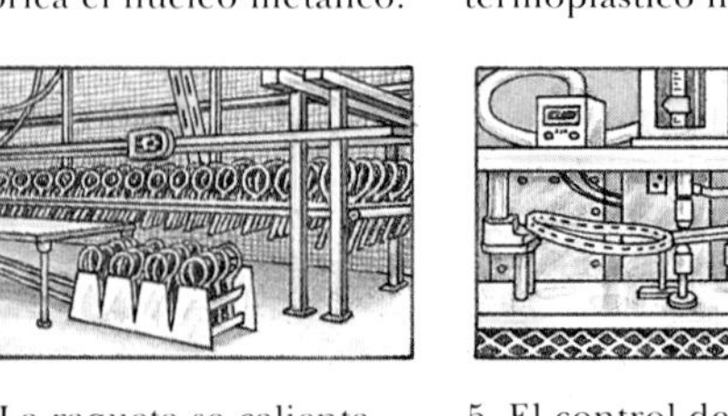

4. La raqueta se calienta para fundir el núcleo metálico, que se extrae, dejando el bastidor hueco.

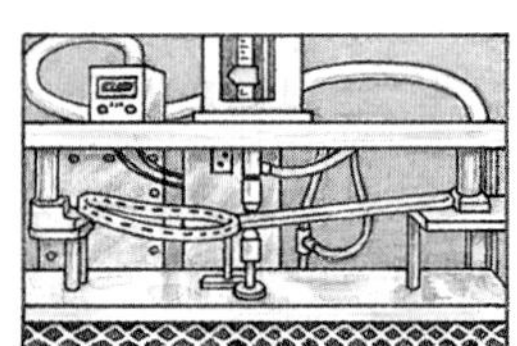

5. El control de calidad comprueba la rigidez de la raqueta, que debe ser ligera y resistente.

EL FUTURO

▷ LOS NUEVOS JUEGOS son competitivos, pero se piensa sobre todo en los intereses de los jugadores, lo cual es bastante esperanzador. En el *earthball*, por ejemplo, participar y divertirse es más importante que el resultado.

LA TELEVISIÓN, la publicidad, las nuevas tecnologías y la política influyen en los deportes, que, como otras muchas actividades del mundo moderno, están cambiando con más rapidez que nunca.

En las sociedades industrializadas la violencia parece ir en aumento. A muchos les gustaría que el deporte se librara del espíritu competitivo y de la influencia de los grandes negocios, y se volviera a disfrutar con la simple participación. Así han surgido nuevos juegos, como el *earthball*, ideados para que la gente participe por pura diversión.

▷ EL OBJETIVO DEL *EARTHBALL* es llevar la gigantesca pelota a la línea de gol del otro equipo. No hay límite de tiempo ni de número de jugadores. Las «porterías» están a unos 200 metros de distancia.

Algunos deportes del futuro los practicará cada cual dentro de su cabeza. El último avance de los juegos de ordenador, la realidad virtual, utiliza un casco y unos sensores en las manos para penetrar en un mundo tridimensional e interactuar con imágenes generadas por el ordenador.

▽ EN EL FUTURO, gracias a la realidad virtual, se podrá elegir un acontecimiento deportivo y participar en él. *Abajo*, un jugador moderno compite en una carrera ciclista de la Olimpiada de 1896. Es muy probable que luego suba al podio para recibir su medalla de oro.

CRONOLOGÍA

Lucha en el antiguo Egipto

Antes de Cristo
c. **8000** El hallazgo de puntas de flecha con esa antigüedad atestigua que ya se cazaba con arco y flechas.
c. **6500** Primer trineo conocido (Finlandia).
c. **5000** Juego de bolos primitivo en Egipto.
c. **3800** Carreras rituales en Menfis (Egipto).
c. **3600** Los emperadores chinos obligan a sus súbditos a entrenarse diariamente con pesas.
c. **3100** Polo en la India.
c. **3000** Primeros esquís.
c. **2700** Lucha y pugilato en Sumeria. Primeros carros.
c. **2600** Acrobacias rituales en China.
c. **2050** Juego de pelota con bastones curvos en Egipto.
c. **2000** Salto del toro en la Creta minoica. En Irlanda se practican juegos de lanzamiento de martillo y piedras.
c. **1550** Primeras carreras de carros en Grecia.
c. **1400** Hércules, según la leyenda, crea los Juegos Olímpicos.
c. **1360** Esgrima con bastones en Egipto.

776 Comienza el cómputo oficial de los Juegos Olímpicos griegos, con una carrera de velocidad.
724 En la XIV Olimpiada se incluye el *diaulós* (carrera doble).
720 En la XV Olimpiada se incluye el *dólicos* (carrera de fondo).
708 XVIII Olimpiada: se incluyen la lucha y el pentatlón.
688 XXIII Olimpiada: se incluye el pugilismo.
680 XXV Olimpiada: se incluyen las carreras de carros.
648 XXXIII Olimpiada: se incluyen el *pankration* y las carreras de caballos.
632 XXXVII Olimpiada: se incluyen competiciones juveniles.
586 Primeros Juegos Ístmicos en Corinto.
582 Primeros Juegos Pitios en Delfos.
573 Primeros Juegos de Nemea.
520 LXV Olimpiada: primeras carreras con casco y escudo.
c. **500** Juego similar al hockey en Grecia.
490 El ateniense Filípides corre 38,6 kilómetros, desde la llanura de Maratón hasta Atenas, para anunciar la victoria griega sobre los persas.
468 Los Juegos Olímpicos se amplían a cinco días.
c. **400** Juego de pelota con los pies en China.
c. **200** Los soldados chinos tienen que superar pruebas de levantamiento de peso para ingresar en el ejército.
152 Leónidas, el mejor atleta, gana su decimosegunda corona tras participar en cuatro Juegos.

36 Competiciones de natación en las escuelas japonesas.
23 Primeros combates de sumo en Japón.
6 Se dice que el atleta Bybon levantó sobre su cabeza una piedra de 308 kilos, con una sola mano.

Después de Cristo
393 Últimos Juegos Olímpicos de la Grecia Antigua (prohibidos al año siguiente por el emperador romano Teodosio I).

Fútbol multitudinario en Londres (c. 1300)

c. **400** Juego de pelota ritual de los indios mayas y aztecas en el actual México.
510 El emperador Justiniano prohíbe los deportes, que los cristianos identifican con ritos paganos.
c. **530** Primera alusión escrita al esquí: se menciona a los lapones de Escandinavia como *Skridfinnar* (finlandeses deslizantes).
c. **1100** Se celebran justas y torneos, primero en Francia y después en toda Europa.
1174 Primera carrera de caballos en Smithfield, Londres.
1180 Primera descripción del patinaje sobre hielo en Inglaterra.

c. **1200** Tenis Real en Francia.
1206 Primera carrera de *Birch Leg* en Suecia: una carrera de esquí de fondo.
c. **1250** Primera representación gráfica de un juego similar al críquet, en Inglaterra.
1299 Se inaugura una bolera en Southampton (Inglaterra), que ahora es la más antigua del mundo.
1314 El rey Eduardo II prohíbe el fútbol multitudinario que se jugaba en Londres.

1396 Primera representación gráfica conocida de patinaje recreativo, en una pintura holandesa.
c. **1410** En Italia se juega al *calcio*, una especie de fútbol.
1429 La primera referencia al billar, indica que, en Francia, empezó a practicarse sobre hierba.

Lord Hawke, jugador inglés de críquet (1860-1938)

1457 Se prohíbe el golf en Escocia. Se trata una de las primeras referencias conocidas de este juego.

Billar hacia 1700

c. **1466** Primer club de armas de fuego en Suiza.
c. **1500** Surge en Japón el arte marcial que ahora se conoce como kárate. Aparece la raqueta de mango largo.
1554 Carreras de caballos en Holanda.
1618 Jacobo I de Inglaterra fomenta la practica de «diversiones lícitas».
1715 Primeras regatas de remos en el Támesis.
1740 Primer campeonato mundial de tenis. Se trata del primer campeonato mundial de un deporte.
1743 En Inglaterra se establecen reglas para los combates a puño desnudo.
1752 Se celebra en Irlanda la primera carrera hípica de obstáculos.
1767 En una competición militar en Oslo, Noruega, se introduce la prueba de descenso en esquís.

Carrera con casco y escudo en los Juegos Olímpicos (520 a. C.)

1774 Primeras reglas del críquet.
1776 Nace en Alemania la gimnasia moderna.
1779 Primera referencia al surfing sobre tablas en las islas Hawai.
1780 Primer Derby de Epsom.
1781 Resurge en Inglaterra el tiro con arco.
1817 Invención de las raquetas de squash en el colegio Harrow de Londres.
1823 En el colegio inglés de Rugby se inventa la variedad de fútbol que llevará su nombre.
1829 Primera regata Oxford-Cambridge.
1835 Se redacta el reglamento de críquet.
1839 Primer Grand National hípico de obstáculos en Aintree, Inglaterra.

Primer Grand National (1839)

1843 Comienza el esquí moderno en Noruega.
1846 Se redacta el reglamento de fútbol en la Universidad de Cambridge. En EE.UU. se juega el primer partido de béisbol con reglas modernas.
1847 Primer rodeo en Nuevo México, EE.UU.
1849 Se redacta en Escocia el reglamento moderno de los bolos.
1851 Una regata en torno a la isla de Wight, ganada por EE.UU., da origen a la Copa América.
1855 Primer partido de hockey sobre hielo en Kingston, Ontario (Canadá).
1858 Se funda en EE.UU. la Asociación Nacional de Jugadores de Béisbol.
1859 Primeras competiciones de marcha en Inglaterra.
1860 Primer campeonato «open» de golf en Gran Bretaña.
1863 El estadounidense James Plimpton fabrica los primeros patines de ruedas eficaces.
1865 El marqués de Queensberry reglamenta el boxeo.
1866 Primeras pruebas de salto de trampolín en París. Nace el piragüismo deportivo al fundarse en Inglaterra el Royal Canoe Club. Se redacta en Melbourne el reglamento del fútbol australiano.
1868 Primera carrera ciclista, en París.
1871 Se funda la Unión de Fútbol Rugby. Se unifican lasreglas del hockey.
1873 W.C. Wingfield introduce en Inglaterra el tenis sobre hierba.
1874 Equipos de las universidades McGill (Canadá) y Harvard (EE.UU.) juegan un juego mitad rugby y mitad fútbol, que dará origen al fútbol americano.

Fútbol americano (1874)

1875 El capitán Matthew Webb cruza a nado por primera vez el canal de la Mancha.
1876 Se redactan en Poona, India, las reglas modernas del badminton.

Wimbledon (c. 1880)

1877 Primeros campeonatos ingleses de tenis en Wimbledon. Primer partido internacional de críquet entre Inglaterra y Australia, jugado en Melbourne.
1879 Primer torneo de salto con esquís, cerca de Oslo, Noruega.
1881 Primer campeonato de tenis sobre hierba en EE.UU.
1882 El maestro japonés Jigoro Kano define el judo moderno.
1888 En Suiza se desarrolla el bobsleigh.
1889 Primer campeonato mundial de patinaje de velocidad, en Amsterdam.
1892 James Naismith inventa el baloncesto en Massachusetts, EE.UU.
1895 William Morgan inventa el balonvolea en EE.UU. Se juega el primer partido profesional de fútbol americano, en Pennsylvania. Primera carrera automovilística, París-Burdeos-París.
1896 Primeros Juegos Olímpicos modernos en Atenas.
1902 Primer campeonato nacional de Fútbol de España, la Copa de Su Majestad.
1903 Primer Tour de Francia, la principal carrera ciclista del mundo.
1904 Se funda la FIFA (Federación Internacional de Fútbol Asociación).
1908 En los Juegos Olímpicos de Londres se incluye el patinaje artístico.
1910 Se celebran los primeros campeonatos españoles de tenis.
1912 Los Juegos Olímpicos incluyen el pentatlón moderno.
1918 Se crea la Federación Española de Atletismo.
1922 En Murren, Suiza, surge la modalidad de esquí llamada eslalon.

Bobsleigh actual de cuatro plazas

1924 Primeros Juegos Olímpicos de Invierno en Chamonix, Francia.
1928 La Olimpiada de Amsterdam recupera la tradición de la llama olímpica. Se inician los torneos españoles de la liga de fútbol.
1930 Primera Copa del Mundo de fútbol, en Uruguay.
1935 Se celebra la primera vuelta ciclista a España.
1936 Olimpiada de Berlín: primer transporte por relevos de la antorcha olímpica desde Grecia.
1948 Primeros Juegos Paraolímpicos, para disminuidos físicos, en Buckinghamshire, Inglaterra.
1951 Primeros Juegos Asiáticos. Primeros Juegos Panamericanos.
1958 La televisión retransmite en directo partidos de fútbol americano y abre una nueva era del deporte.
1968 El saltador estadounidense de altura Dick Fosbury revoluciona la especialidad con su salto de espaldas («fosbury») en la Olimpiada de México.
1972 Terrorismo en los Juegos Olímpicos de Munich. El nadador Mark Spitz (EE.UU.) gana siete medallas de oro.
1976 Boicot negro a la Olimpiada de Montreal: 32 países se niegan a participar, en protesta contra el racismo.
1980 EE.UU., la República Federal Alemana y otras naciones boicotean la Olimpiada de Moscú.
1981 El Comité Olímpico Internacional permite a los deportistas recibir dinero de los patrocinadores.
1984 La URSS y casi todos los países del bloque oriental boicotean la Olimpiada de Los Ángeles.
1988 El canadiense Ben Johnson, ganador de la carrera olímpica de 100 metros, es descalificado por tomar sustancias no permitidas.
1992 Las repúblicas de la antigua URSS compiten en la Olimpiada de Barcelona como «Equipo Unificado» y encabezan el medallero extraoficial.

GLOSARIO

Artes marciales Técnicas de defensa personal que tienen su origen en la preparación para la guerra.

Baggataway Antiguo juego de pelota que practicaban los indios norteamericanos y que dio origen al *lacrosse.*

Bobsleigh Término inglés (de *to bob*, «balancearse», y *sleigh*, «trineo») con el que se conoce una especie de trineo articulado con capacidad para varias personas, utilizado para realizar deslizamientos sobre pistas de hielo o de nieve.

Caestus Especie de guantelete usado por los púgiles romanos, cubría los puños con tiras de cuero endurecido y a veces llevaba nudillos de metal.

Carrera de obstáculos Competición hípica con un recorrido, de más de 3 kilómetros y una serie de obstáculos a lo largo del mismo que deben saltarse.

Críquet Juego de origen inglés que se practica al aire libre, entre dos equipos de once jugadores, con bates, pelotas y rastrillos.

Curling Deporte de invierno, originario de Escocia, que se practica sobre una pista de hielo entre dos equipos de cuatro jugadores. Los jugadores tienen que impulsar sobre la pista unas piedras pulidas de forma circular con un asa y colocarlas lo más cerca posible de la meta.

Decatlón Prueba atlética masculina que consta de diez pruebas diferentes, que se disputan a lo largo de dos días.

Descenso Prueba de las competiciones de esquí, que se practica sobre pistas con una determinada pendiente y con determinados desniveles.

Eslalon Prueba de esquí. Es una variedad de descenso en la que los competidores tienen que sortear una serie de obstáculos previamente dispuestos a lo largo del recorrido.

Esquí alpino Prueba combinada que incluye las pruebas de descenso, eslalon y eslalon gigante.

Esquí nórdico Incluye las pruebas de fondo y salto.

Estadio Carrera de velocidad en la Grecia Antigua. La distancia recorrida, un «estadio» (192 metros), dio nombre a la carrera y también al recinto en el que se disputaba.

Foto-finish Método para decidir las llegadas muy igualadas en las carreras, mediante una película continua que corre por una ranura frente a la línea de meta. La foto indica, además, los tiempos de los corredores.

Grand Prix Término francés que significa «Gran Premio», empleado para ciertas carreras importantes de coches o motos.

Heptatlón Prueba atlética femenina, que consta de siete pruebas diferentes y se disputa a lo largo de dos días.

Kayak Embarcación ligera formada por un armazón de madera y recubierta por una lona embreada. Se impulsa con pagaya doble que, en competición, tiene que manejarse a pulso, sin apoyarla en ningún sitio.

Lacrosse Versión moderna del *baggataway*. Este juego de equipo se practica en Canadá. Se trata de introducir una bola de madera en el campo contrario, lanzándola por el aire con un *crosse*, o especie de raqueta formada por un palo grueso terminado por un extremo en forma de aro que se encordela.

Luge Descenso en tobogán en el que el deportista se desliza tumbado de espaldas.

Pankration Modalidad de lucha practicada en los Juegos Olímpicos de la Grecia Antigua, en la que los contendientes podían emplear cualquier tipo de golpes y estrangulamientos, hasta que sólo quedaba en pie uno de ellos.

Peleas de gallos Antiguo y cruel entretenimiento que todavía se practica en algunas partes del mundo. Consiste en enfrentar a dos gallos, especialmente entrenados, que se despedazan para diversión de los espectadores mientras éstos hacen apuestas sobre el vencedor.

Pentatlón Prueba deportiva que consta de cinco pruebas diferentes.
El pentatlón de la Grecia Antigua constaba de salto de longitud, lanzamiento de disco y de jabalina, carrera de velocidad y lucha. El pentatlón moderno consta de una carrera hípica, esgrima, tiro con pistola, natación y carrera campo a través. Véase también, Decatlón y Heptatlón.

Pugilato Combate con los puños que se practicaba en la Grecia Antigua, bien a puño desnudo, bien con cesto blando o con cesto duro. En Roma el pugilato alcanzó una enorme brutalidad con la inclusión del *caestus*. Con el cristianismo fue prohibido y reapereció en Inglaterra, donde dio origen al boxeo.

Rastreo Simulacro de caza, a caballo o a pie, en el que los perros siguen un rastro creado con un aroma artificial, sin que se mate ninguna presa.

Regata Competición entre varias embarcaciones. Según el tipo de las que intervienen, puede dividirse en cuatro grupos: de vela, de remo, de piragüismo y de motor.

Relevos de la antorcha Carrera de relevos que se organizaba en la Grecia Antigua como ritual religioso. De ella deriva el actual transporte por relevos de la antorcha olímpica.

Rugby Deporte que se practica con un balón ovoide entre dos equipos de quince jugadores. El objetivo es lograr más puntos que el contrario, bien pasando el balón entre dos postes (transformación o gol), bien colocándolo en la zona de meta (ensayo).

Salto sin carrerilla En los primeros Juegos Olímpicos de la era moderna, los participantes en las pruebas de saltos de altura (con o sin pértiga) y longitud (simple o triple salto) saltaban sin carrera de aproximación.

Sumo Modalidad japonesa de lucha, cargada de rituales, en la que los contendientes intentan derribar al adversario o sacarlo de un círculo.
Un combate suele durar sólo unos segundos.

Tacos de salida Artefactos clavados a la pista en las carreras de velocidad, para facilitar el arranque de los corredores. Los tacos, están conectados a la pistola de salida, para detectar las salidas en falso.

Tenis Real El tenis era ya conocido por los griegos y los romanos, pero el tenis moderno tiene su origen en el juego de pelota (*jeu de paume*) francés, que se jugaba en un recinto cerrado, y que fue el juego favorito de la nobleza francesa de los siglos XIII al XVII.

Tobogán Especie de trineo con armadura de acero y patines, para deslizarse por la nieve o el hielo.

Waterpolo Deporte acuático que se practica entre dos equipos, cuyo objetivo es introducir el balón en la meta contraria. En el siglo XVIII, se practicaba en Inglaterra un juego similar al polo, pero en el agua. Los caballos eran sustituidos por barriles, en los que se sentaban los jugadores, que usaban un remo para impulsar el balón. Después pasó a llamarse «fútbol de agua»; éste es el juego antecedente del waterpolo actual.

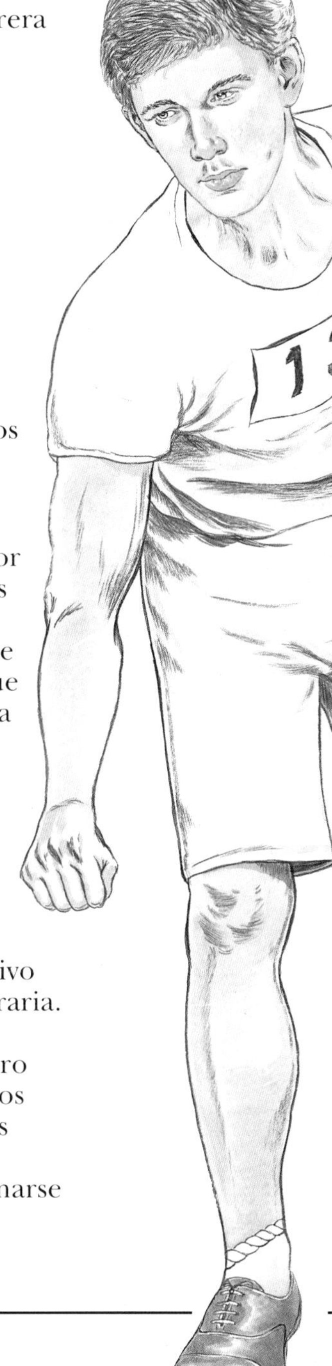

ÍNDICE